RING

FENÊTRE
DE TIR

Du même auteur

Essai

Écoute, Petit Français, Éditions JC Lattès.
Demain, rien ne sera plus comme avant, Éditions Ellipses.
On ne veut plus d'un président quelconque !, Éditions François Bourin.

Document

Libre arbitre, avec Jacques Dorfmann. Éditions JC Lattès.
Les Secrets des voyages présidentiels, Éditions JC Lattès.
Madagascar, l'île rouge, Éditions Balland.
Les Conquérants de 2017 avec Xavier Panon, Éditions de l'Archipel.
En quel honneur ?, Timée-éditions.

Roman

Le Phare des baleines, Éditions JC Lattès.

FENÊTRE DE TIR

DOCUMENT

ring.fr

ÉDITIONS RING

Collection
DOCUMENT
–
RING
www.ring.fr
–

À nos enfants, pour une vie meilleure.
Nice, septembre 2021

« On dirait que l'ancien monde finit, et que le nouveau commence. Je vois les reflets d'une aurore dont je ne verrai pas se lever le soleil. Il ne me reste qu'à m'asseoir au bord de ma fosse ; après quoi je descendrai hardiment, le crucifix à la main, dans l'éternité. »

François-René de Chateaubriand,
Mémoires d'Outre-Tombe

Préface

Votez, pour ouvrir la fenêtre de tir !

La France est au bord du précipice. L'élection présidentielle de 2022 peut redonner du tonus à notre démocratie. Elle peut surtout nous sortir de l'ornière dans laquelle la société française s'est embourbée à force de renoncer ou de reculer sur ses propres valeurs. Pour celui ou celle qui affichera l'ambition nécessaire pour restaurer en urgence l'autorité républicaine, il y aura un chemin.

Cette élection constitue une fenêtre de tir citoyenne et démocratique. Ne la manquons pas ! Il n'y aura peut-être plus beaucoup d'occasions. Le pays se tend. La France a peur. La violence ne cesse de franchir de nouvelles étapes. L'immigration illégale semble incontrôlée. L'Europe est devenue une passoire. L'Amérique nous envoie le cauchemar du « wokisme ».

L'autorité républicaine à restaurer, et en premier lieu celle du chef de l'État. Depuis plusieurs décennies, l'incarnation de la fonction présidentielle s'est délitée, sur la forme et sur le fond.

Emmanuel Macron n'est qu'une étape de plus dans cet effondrement de l'autorité républicaine. Brillant et jeune, il n'incarne cependant pas le pays profond au moment où la nation traverse une crise existentielle historique. L'autoritarisme teinté d'arrogance ne constitue pas le bon socle pour un statut présidentiel. La statue présidentielle, c'est autre chose ! L'incarnation réussie tout au long de la Ve République s'est toujours bâtie sur deux ressorts que seul un vieux pays a pu façonner au cours des siècles : le lien au sacré ou au spirituel et le lien au terroir... De Gaulle et Mitterrand en sont les exemples les plus aboutis.

La société française est, aujourd'hui, en équilibre sur une ligne de crête : d'un côté le versant de la *cancel culture* qui veut nous inventer un passé mondialisé pour nous imposer un avenir globalisé ; de l'autre, le versant du roman national sur lequel s'est construite l'histoire du pays, nos valeurs et nos repères, puisés dans des racines qui assurent l'unité de la Nation.

La *cancel culture* vise, à terme, à remettre en cause notre laïcité républicaine, spécificité française sans laquelle notre pays, comme nation souveraine, ne survivra pas.

La France a rendez-vous avec son histoire en mai 2022. Il faudra du courage politique et de la volonté présidentielle pour remettre le pays sur son propre chemin et cela passe par le rétablissement de l'autorité républicaine. Il n'y a pas d'autres choix.

Glisser vers le versant de la dilution de la Nation représente le danger de la disparition de ce que nous sommes depuis des siècles avec nos zones d'ombre et de lumière. Résister et préférer poursuivre l'écriture d'un avenir souverain nécessitera une autorité républicaine forte et assumée.

Pendant des décennies nous avons fermé les yeux sur nos propres faiblesses : c'était l'époque de la pédagogie, de la compassion, de la prévention, de la compréhension et de l'excuse à tous les étages. Tout cela n'a pas été suffisant. La société française est malade et le pays est en danger. Les enjeux de la présidentielle de 2022 dépassent les questions de personnes et d'ambition bassement politicienne. Il y a encore l'opportunité d'une fenêtre de tir pour placer la France sur une autre orbite.

Ces enjeux nous dépassent. Il s'agit de l'avenir de la Nation française. Ne nous payons plus de mots. Il faut des actes politiques forts. Il est encore temps d'éviter le chaos.

L'autorité du Vieux monde

Parce que la crise sanitaire a renforcé l'archipélisation et la partition du pays, l'élection présidentielle de 2022 constituera un tournant pour la France qui jamais, du moins depuis des décennies, ne s'est trouvée en si mauvaise posture. Ce sera une des rares fenêtres de tir pour restaurer une pleine et entière autorité républicaine, ferme et déterminée.

Emmanuel Macron n'aura jamais incarné pleinement la fonction présidentielle, ni le statut qui lui sied. Et pourtant, plus le pays se fragilise et bascule dans la violence et l'inconnu, plus le besoin d'autorité au plus haut de l'État s'avère nécessaire et urgent. L'autorité politique et sa crédibilité sont ébréchées depuis des années. L'autorité scientifique s'est détériorée dans les méandres des avis et des analyses au cœur de la pandémie. L'autorité religieuse a été bafouée avec le confinement. L'autorité présidentielle, enfin, a touché le fond. Son incarnation est devenue une sorte de pitrerie, travestie un jour en pilote de chasse, un autre jour, « façon jeun's », en tee-shirt noir pour prodiguer des conseils sur la vaccination. Certains affirment que l'incarnation de la fonction de chef de l'État doit évoluer, se moderniser et rajeunir. C'est une erreur. Tant que la Constitution de la Ve République régentera la vie politique française, l'exercice du pouvoir au sommet de l'État ne pourra se départir de ses ors et de son prestige. Cette fonction présidentielle tellement solennisée sous de Gaulle, Giscard ou Mitterrand, s'est muée aujourd'hui en une agence de communication au service d'une seule ambition personnelle. La première communicante du chef de l'État n'est d'ailleurs nulle autre que la « grande prêtresse » de la presse people en France ! Mimi Marchand, prise dans les filets judiciaires de l'affaire Griveaux ou Takieddine, est une très proche du couple Macron. Dans ces circonstances, comment voulez-vous que l'image présidentielle s'en sorte ? Ce serait ringard de vouloir figer la fonction présidentielle dans le marbre du passé. Ce serait moderne de la laisser se décaniller dans les habits du progressisme.

La France dérive mais son chef ne porte pas de vision nationale. Le cap n'est pas tracé : un coup de gouvernail à gauche, un coup de gouvernail à droite et « en même temps » il tente de surfer toujours sur la vague de la communication politique. Cette communication élyséenne prend le risque de jouer la partition du pays qui n'est plus abordé comme une communauté nationale mais comme un archipel de communautés disparates et sécessionnistes. Une fois, le Président s'adresse aux jeunes par le biais de Youtubeurs, une autre fois, à l'intérieur même de cette jeunesse, il joue l'appui aux adeptes du « wokisme » contre ceux qui revendiquent la défense et la valorisation du « roman national ». Une autre fois encore, il en appelle à l'histoire et à ses racines. Ce tournis incessant fragilise l'unité nationale.

Par période de gros temps, cette navigation politique à l'instinct et à l'ambition n'est pas adaptée à la vielle « coque française » dont les craquements sont de plus en plus sonores.

Le navire France gite et menace de s'enfoncer, mais son capitaine joue du « en même temps ». La France prend peur devant l'explosion des violences mais son chef se rend à Tokyo pour l'ouverture des Jeux Olympiques en jetant un regard furtif à la caméra pour être certain qu'il sera bien à l'écran. Lui est bien là, en majesté. Mais pas la ministre des Sports dont la présence aurait pu porter ombrage au cliché présidentiel. Être vu et se voir dans le miroir du pouvoir, l'acteur transparaît, de plus en plus sans fard, sous le masque de l'hubris. La France se liquéfie mais son chef, distant, sur son Olympe, observe le peuple de haut. Trop jeune, trop intelligent, trop déconnecté des réalités quotidiennes de la France profonde, Macron sera finalement passé à côté de son quinquennat. Il n'aura jamais vraiment rencontré les Français que depuis une estrade, sous les projecteurs, en acteur principal de la pièce du pouvoir. Il aura visité l'Hexagone en long, en large et en travers, sans parvenir à connaître les Français. Il aura amélioré sa connaissance de la géographie... Metteur en scène et premier rôle du théâtre quinquennal, il n'aura jamais vraiment perdu cette arrogance d'adolescent à la fois brillant et joueur. Compétiteur ludique, ébloui par son propre « holdup démocratique » lors de son élection de 2017, Macron aura campé, jusqu'à la caricature, son propre personnage, s'obligeant au rôle de composition du jeune premier en politique, sympathique et dynamique, ouvert et dans l'air du temps. En réalité, engagé en politique depuis plus d'une décennie, le jeune banquier d'affaires parisien, repéré par Jacques Attali et l'establishment patronal, ne sera jamais parvenu à susciter l'empathie populaire. Dans une période, il est vrai complexe, sa politique économique, sociale et sanitaire aura remis en branle la machine à la contestation de la rue. La première nouveauté de ces mouvements, dans une nation à l'histoire parsemée de jacqueries et de révolutions, c'est la structuration d'une violence omniprésente. La seconde nouveauté de ces grandes manifestations populaires les rend d'autant plus dangereux pour le pouvoir en place : elles ne sont pas l'apanage d'organisations politiques ou syndicales. Elles semblent être encadrées par le peuple, par nature impulsif et incontrôlable. Le « peuple » face au « roi » ? Depuis les Gilets jaunes jusqu'au manifs des samedis anti pass sanitaire, le pouvoir n'aura voulu y voir que l'agitation de minorités disparates. C'est en réalité la souffrance du pays profond qui s'est exprimé.

Macron, personnage faussement naturel, est une sorte de Gérard Philippe, alchimie voulue et recherchée entre le gendre parfait et le meilleur ami. Mais le théâtre est un endroit dangereux, à l'image de la conscience du roi Hamlet piégée dans la pièce de Shakespeare. Le lycéen Macron pratiquait le théâtre. Il n'a pas évité le piège. On s'en poindre dans ce rôle de « gentil garçon » cool et décontracté que sa vraie nature est ailleurs. Ses saillies verbales, montrées du doigt, qui auront parsemées son quinquennat, révèlent un caractère beaucoup moins sympathique. L'arrogance n'est jamais très éloignée. Les décisions en solitaire sont nombreuses. L'acteur a joué son rôle par cœur avec l'application de l'étudiant instruit et doué mais sans jamais l'incarner. On ne berne pas le peuple sur la durée. Nous sommes passés du président « normal » avec Hollande au président « anormal » avec Macron. Les planches ont brûlé sous les pas trop pressés du jeune premier.

La plupart de ses interventions télévisées donnent le sentiment d'être extraites du show de James Lipton, l'Actors Studio. Lors de son « one man show » élyséen du 16 mars 2020, le « jeune premier » lance son fameux : « Nous sommes en guerre ! » La phrase est martelée avec une sorte de fermeté juvénile. Peut-on la qualifier d'anaphore ? Le « moi président » du président « normal » est devenu le « nous sommes en guerre » du président « anormal ». Le ton ne sonne pas juste et les Français ont largement ressenti cette absence de sincérité. N'est pas Churchill qui veut ! Pourquoi ? D'abord parce que le temps passé comme Premier lord de l'amirauté puis Premier ministre a assis sa crédibilité politique, blanchie sous le harnais du temps passé. Mais, ensuite en raison des circonstances : la crise sanitaire n'est pas la Deuxième Guerre mondiale. À jouer un personnage sans l'épaisseur historique et sans les circonstances, Macron a usé sa crédibilité naissante en n'évitant pas de sombrer parfois dans le grotesque et le pompeux. Jouer à être quand on n'est pas constitue un risque politique majeur sur la durée.

En outre, depuis la Révolution Française, c'est le peuple qui tient le haut de l'affiche et qui joue le premier rôle sur la scène politique.

Presque tous ces prédécesseurs l'avaient compris. Et même s'ils en jouaient avec une hypocrisie achevée et habile, ils s'effaçaient, apparemment, devant lui. Macron n'a décidément pas analysé ce que signifiait, sur le fond, le mouvement des Gilets jaunes, pas plus que les manifestations contre le « Pass sanitaire » : il s'agissait, dans les deux cas, de la contestation de son autoritarisme. Balayant d'un revers de main cette minorité agissante dans la rue, il aura traité avec mépris certains de ces Français, attitude qui aura révélé sa suffisance. Manquant de crédibilité sur les sujets régaliens, Macron a voulu trop vite compenser ce déficit de par un autoritarisme appuyé et supérieur. Cette façon de renvoyer les « pouvoirs locaux » à leurs études pendant le début de la crise sanitaire restera dans les mémoires. Il aura réactivé le clivage ancestral entre les Jacobins centralisateurs et les Girondins partisans du pouvoir aux territoires. Ce clivage historique a repris de la force, créant une partition supplémentaire dans la communauté nationale.

Mais, l'autoritarisme de comptoir, encore plus en période de crises, ne remplace jamais l'autorité naturelle du chef. Le symbole le plus abouti de cette compensation et de ce basculement est le renvoi de Pierre de Villiers. Le chef d'État-Major des armées, nommé par François Hollande, est congédié comme un laquais. Le management d'une entreprise n'a rien à voir avec la gouvernance de la France. Ce « Vieux pays » ne peut être assimilé à une « Start Up Nation ». Lorsqu'on est le Président de la République et le chef des armées on ne peut humilier un tel personnage statutaire sans prendre le risque d'exprimer au grand jour la propre faiblesse de son autorité personnelle. Macron a cru qu'en virant de Villiers il faisait assaut d'une fermeté suprême. Et que le prestige et la crédibilité du soldat étoilé retomberait sur ses épaules. Dans une sorte d'homothétie fantasmée, ce geste devait hisser Macron au niveau de la légitimité que lui confère la Constitution. Mais la crédibilité politique ne se transfère pas. Elle se gagne à l'épreuve des faits. Finalement, cette faiblesse a bien été révélée par les tribunes d'officiers et de généraux publiés par la presse, ressenti comme une provocation à la face du pouvoir trop faible. Imagine-t-on sous Giscard, Mitterrand, Chirac, Sarkozy et même Hollande, pareil affront porté sur la place publique contestant au chef de l'État ses prérogatives présidentielles gagnées démocratiquement par l'élection ? Mais il y a loin des urnes aux champs de bataille !

Le Président de la République, sans doute lucide et conscient de ses lourdes lacunes dans l'exercice du pouvoir, envisage-t-il par moment de ne pas être candidat à sa propre succession ? C'est bien possible, et certains indices pourraient le laisser penser. Il l'a déjà formulé, estimant que des circonstances ou une « réforme » pourrait en être la cause. Conscient peut-être aussi que les années d'après Covid, sur le plan économique, social et sociétal, s'annoncent explosives. Sans autorité solide, comment affronter le gros temps annoncé ? Sauf à imaginer Macron faire campagne pour prouver les nouveaux ressorts de son autorité, il lui sera bien compliqué de se dessiner le profil politique de rassembleur et de défenseur de la République. Les Français ne veulent pas qu'on leur parle de réduction des déficits et de la dette publique, même s'ils ont intégré qu'ils paieront l'addition, eux et les générations à venir. Pas plus qu'ils ne veulent entendre parler de réforme des retraites même si, dans leur for intérieur, ils la savent inéluctable.

À propos de ces générations futures, les Français veulent savoir dans quelle France ils laisseront leurs enfants et leurs petits-enfants. Au-delà de l'état financier du pays, ils exigent que le politique les éclaire sur l'état social, communautaire, religieux, multiculturel, des années et des décennies à venir. Ils sont encore une majorité à être fiers de l'histoire du pays et de son passé. Ils veulent savoir qui assurera à leurs descendants une société de l'apaisement plutôt que de l'affrontement. Ils veulent élire celui ou celle qui aura l'autorité de rétablir en France, au nom de nos principes et de nos valeurs, le « côte à côte » et non pas le « face-à-face » dans lequel nous sommes embarqués à force de reculer sur ces principes fondateurs et sur ces valeurs républicaines constitutives du pays. Chacun veut l'unité et non pas la partition. Nous avons suffisamment tergiversé, il n'y a plus de temps à perdre.

Or, c'est bien d'autorité dont le pays va avoir besoin dans les années à venir. S'amoncellent devant nous des défis comme autant de nuages dans un ciel d'orage. Les chantiers sont nombreux et les dangers bien réels pour l'unité du pays. Le rétablissement d'une autorité à tous les étages de la République est nécessaire, même s'il ne peut pas être suffisant seul.

Les Français ont besoin d'être rassurés, d'être protégés, d'être dirigés en association et en confiance. Le pays vacille et ses valeurs s'estompent. Le pays doute de lui-même. L'autorité présidentielle demandera du courage. L'autorité ne peut jamais s'exercer sans courage. Il en faudra pour affirmer la laïcité comme règle républicaine intangible, non négociable, car son affirmation permet de proclamer avec force et conviction qu'aucune loi ne peut être supérieure aux lois de la République.

Il faudra du courage et de l'autorité politique pour refuser la *cancel culture* et la mode des campus américain du « wokisme ». Ces mouvements issus de la gauche américaine visent à effacer l'Histoire des nations au profit d'un multiculturalisme ketchup indigeste mondialisé et standardisé. La repentance exacerbée exigée par ces mouvements, les génuflexions revendiquées devant une certaine Histoire ne sont que la première marche avant le remplacement par une culture mondialisée et uniforme. La culture ludique du « Disneyland » ne représentait que l'avant-garde joyeuse de l'américanisation des esprits, dont la prochaine étape sera d'imposer l'effacement des mémoires communes et son remplacement par une non-histoire mondiale. En 1945, la France libérée par les héros américains, commençait à basculer dans la culture des libérateurs. Avec entrain et bonhommie, aux sons des notes de jazz, Paris libérée avec le « concours des armées alliées » plongeait la tête la première dans le grand bain de la culture « fastfoodée » made in USA ! Cette culture mondialisée finira par déposséder les Nations de leurs romans nationaux. Alors elles ne seront plus rien.

Si nous laissons cette pratique de la *cancel culture* s'infiltrer dans les interstices de notre patrimoine mémoriel, alors nous devrons un jour rendre les armes sur la laïcité, justement. Et sans laïcité, il en sera fini de la République telle que nous la connaissons aujourd'hui.

D'une manière générale, il faudra de l'autorité pour ne pas renoncer à cette histoire française, avec ses parts de lumière et d'ombres. Sa « déconstruction » ne serait alors que l'étape précédant l'inventaire avant liquidation finale de la Nation. En outre, renoncer à défendre l'histoire du pays ce n'est rien moins que de porter insulte à la mémoire de ceux qui l'ont construite, c'est-à-dire nos aïeux, les membres de nos familles et tous ceux qui ont façonné ce pays. Parfois dans la facilité et la domination, mais le plus souvent dans la douleur.

Il faudra de l'autorité pour imposer à la haute fonction publique parisienne de décentraliser la France au profit d'autorités politiques locales plus agiles et plus efficaces... Il faudra de l'autorité pour réformer l'État, faute de quoi la dette publique deviendra ingérable et explosive. Les chantiers sont lourds et complexes pour le futur chef de l'État. Ils nécessitent de l'autorité et du courage. La première de ces qualités concernera l'exercice du pouvoir présidentiel, qui doit être incarné, de manière forte, sans quoi jamais la France ne possèdera l'énergie de faire face à tous les défis qui menacent sa cohésion. Des voix s'élèvent pour contester la Cinquième République et le pouvoir monarchique dévolu au chef de l'État. Elles réclament un « nouveau monde » et une nouvelle constitution. Lorsque la marmite bouillonne fort à l'intérieur, il serait dangereux et suicidaire de troquer la fonte qui a fait ses preuves pour un mauvais carton d'emballage, même s'il est nouveau !

Je relis avec application la citation de François-René de Chateaubriand, « *On dirait que l'ancien monde finit, et que le nouveau commence. Je vois les reflets d'une aurore dont je ne verrai pas se lever le soleil. Il ne me reste qu'à m'asseoir au bord de ma fosse ; après quoi je descendrai hardiment, le crucifix à la main, dans l'éternité.* » Je m'interroge. Vivons-nous précisément la fin d'un monde et l'émergence d'un nouveau ? La révolution technologique du digital s'accompagnerait-elle d'un changement de paradigme et d'échelle ? Symbole de cette transfiguration des Nations en un monde lisse et globalisé, les réponses à la pandémie actuelle sont mondiales et centralisées par quelques laboratoires privés. L'échelle des États souverains serait dorénavant comme révolue et dépassée. Le « Vieux monde » rabougri et ringard ne serait bon qu'à être jeté à la fosse commune des idées hors d'âge. Il y aurait les « modernes », éclaireurs et « lanceurs d'alerte » de ce « Nouveau monde », paradisiaque et mondialisé, qui auraient tout compris plus vite. Et il y aurait les « passéistes », qui s'accrocheraient à de vieilles lunes nostalgiques et arriérées, tenant d'un « Vieux monde » voué à disparaître sous les vivats des foules,

Je ne le crois pas un seul instant. Certes, l'Histoire est toujours écrite par les vainqueurs. Mais, elle demeure tragique. Elle le redevient immédiatement et invariablement à chaque fois qu'elle veut justement se passer des Nations, dont l'échec de la « mondialisation heureuse » sonne justement le retour. Notre pays, par son histoire multiséculaire, possède dans ce domaine bien des atouts. Raison de plus pour ne rien céder de ses valeurs fondatrices. Au premier rang desquelles l'autorité républicaine au sens le plus large possible demeure incontournable.

« Start up nation » ou l'autorité bafouée

Le 9 juin 2021, Emmanuel Macron bat la campagne à la recherche d'un lien avec le peuple. Depuis l'explosion du mouvement de colère des Gilets jaunes, il tente de tisser avec la France périphérique les fils jusqu'alors coupés du pouvoir. Il est à Tain l'Hermitage, sort d'une salle et il se met à trottiner en direction de quelques personnes qui, pour une fois, semble l'accueillir avec bienveillance. Une barrière métallique le sépare d'une dizaine de badauds. Il veut serrer des mains. Le peuple à portée de bras tendus. Cela ne peut se refuser. La tentation est trop forte. L'occasion est trop belle. L'escapade présidentielle n'est pas prévue au programme. Ses gardes du corps sont surpris. Ils ont couru derrière Jupiter sans volonté de lui éviter cette rencontre avec le peuple. Un jeune homme le saisit par le bras droit et lui assène une claque. Lui qui avait expliqué qu'il voulait « être à portée d'engueulade », selon sa propre expression, le voilà servi ! La République giflée. Du jamais vu. Certains diront que ce n'est qu'Emmanuel Macron qui prend cette baffe. D'autres estiment que c'est, en vérité, la France elle-même qui subit l'outrage. Le symbole est trop fort pour ne pas vouloir trancher. Henri Guaino l'a résumé ainsi :

« l'autorité de l'État est en ruine, elle n'endigue plus la montée de la violence ». Violences dans les rues, quotidiennes, incivilités à profusion, la société française prend peur jour après jour. Et maintenant elle touche jusqu'au chef de l'État. Cette « gifle » constitue l'aboutissement d'un long processus de dégradation du pouvoir politique incarné au plus haut niveau par le « roi de l'Élysée ». Chirac s'était fait cracher dessus en pleine campagne électorale, rentrant piteusement dans sa voiture sous les quolibets de « Super menteur ». Sarkozy, l'auteur du « casse-toi pauvre con », accroché par une manche de son costume s'extirpa dans un réflexe salvateur d'un contact plus physique et sans doute plus cuisant. Macron n'aura pas échappé à l'affront tout à la fois d'un contact physique et d'une vulgaire claque humiliante. Rien de moins qu'une nouvelle version du « en même temps », le symbole et le geste. Ce geste condamnable représente, finalement, la « détestation » qu'il inspirerait aux Français si l'on en croit une étude du think-tank de gauche, Jean-Jaurès. « Détestation » d'un pouvoir politique qu'il incarne au plus haut point.

Dans un « vieux et cher pays » comme le nôtre, la fonction présidentielle repose sur deux piliers inséparables : le lien au terroir et le lien au sacré. De Gaulle et Mitterrand comprirent la grandeur du pays parce que le Général respirait la terre du Nord et de l'Est alors que Mitterrand demeurait attaché à sa Charente. L'homme de la France Libre communiait à l'Élysée dans une petite chapelle dont les objets avaient été chinés par l'un de ses aides de camps, alors que l'homme du Programme commun de la gauche rendait visite au Frère Roger chaque année pour se pénétrer du mystère silencieux de l'église de Taizé. Macron a compris l'importance de ces deux piliers fondateurs et il a tenté de s'en construire artificiellement : son mouvement politique fut lancé à Amiens pour signifier que son terroir se trouvait là ; il s'essaya à un hommage à Jeanne d'Arc pour construire un début de lien au sacré. Flatter l'inconscient collectif, c'est évidemment faire un clin d'œil à l'électorat.

Mais il a échoué. Car le rêve de l'ancien banquier d'affaires parisien sonnait faux, il n'était que de transformer un pays couturé des plaies de son histoire multiséculaire en un ensemble ouvert aux vents mauvais d'une mondialisation galopante. L'évangéliste du « en même temps » veut un jour « déconstruire l'histoire » de France et un autre jour, en visite à Martel dans le Lot, s'interroge sur cette « peur » des Français et ses origines : « On doit aussi apporter une réponse en termes de valeurs, de civilisation et de culture que nous portons ». Macron fourvoie sa sémantique personnelle dans les méandres d'un labyrinthe politique où le peuple français est perdu depuis des décennies. Le brouillard macronien est épais : comment déconstruire l'histoire et en même temps convoquer sa culture et ses valeurs civilisationnelles ?

Le peuple Français se sent largement larguer. Il constate que l'insécurité et l'immigration illégale montent inexorablement. Il prend de ce fait conscience de son déclassement et de celui de ses enfants. En réponse, Macron est à côté de son pouvoir, comme on dirait à côté de « ses pompes ». Connaitra-t-il un jour les Français ? L'autorité républicaine ne se décrète pas à vingt heures au second tour de l'élection présidentielle pour les grandes éditions des journaux télévisés du soir.

L'autorité relève à l'évidence un processus long d'accumulation d'écoutes, d'apprentissages politiques, de proximité avec les ouvriers, les paysans, les enseignants, les artisans, les corps constitués. C'est aussi la maturation de symboles et l'addition d'actes politiques qui échafaudent la stature présidentielle. Emmanuel Macron a manqué de tout cela. La victoire aux urnes ne confère ni la « statue » ni la « stature ». Mitterrand usait de cette formule que j'estime caractéristique de l'immanence des attributs du monarque républicain sous la Ve république : « L'autorité est un mystère, et le mystère est une distance ». Comment Macron peut-il prétendre à cette part d'autorité et de mystère lorsqu'il transforme l'Élysée en « boîte de nuit » à la mode pour la Fête de la musique en 2018 ? Comment peut-il prétendre à cette part de distance lorsqu'il invite deux youtubeurs dans les jardins du même palais, histoire de voir « Manu » participer à leur « concours d'anecdotes » ? Le nouveau mantra macroniste « s'adresser aux Jeunes » a basculé dans les bas-fonds du calcul électoraliste pur et simple. Chirac en 1987 avait déjà fait le coup en assistant à un concert de Madona dans le parc de Sceaux. La légende veut que se soit le maire de Paris qui ait récupéré la petite culotte que la star américaine venait de lancer depuis la scène ! « Faire Jeune », la ficelle électorale est épaisse et élimée !

L'hyper présidence de Sarkozy aboutira, à la contraposée politique de la « présidence normale » de François Hollande. Macron, qui a lui-même sacrifié les emblèmes et les prédicats de sa fonction, incarne une « présidence bafouée » volontairement mais avec un « autoritarisme assumé ».

Le « en même temps » ne fonctionne pas dans la construction de la respectabilité et le prestige de la fonction. On ne peut pas jouer la carte de la désacralisation et en même temps s'étonner de ne pas renvoyer dans les yeux de ses concitoyens l'image de chef de l'État et des Armées. Cette difficulté à incarner la fonction, Macron l'a compris très vite. Il a voulu alors imposer cette figure de Jupiter, maître des horloges. En convoquant une sorte de transcendance verticale, il a peut-être cru compenser son manque d'incarnation par sa suffisance qui, d'un coup d'un seul, lui offrirait cette distance et ce mystère, constitutifs dans le panthéon mitterrandien de l'autorité républicaine. En revendiquant son altitude personnelle, Macron s'est résolument placé au-dessus de la mêlée, regardant donc les Français de haut. L'hubris qui sommeillait en lui s'est révélé au grand jour. Jamais, il n'a donné le sentiment de faire preuve de tempérance et de modération pour regarder les autres et comprendre ses propres limites. Alors que la société française se fracture, se communautarise, se racialise, Macron est passé à côté de l'incarnation de la fonction présidentielle qui aura subi, comme rarement avant, des attaques aussi violentes. Ce statut n'inspire plus aucun respect. Comment, un candidat à l'élection présidentielle, le maire de Grenoble, Eric Piolle, a-t-il pu se laisser aller à pareille humiliation ? « Emmanuel Macron fait honte à la France », a-t-il dit. Preuve verbale que même en étant candidat à l'Élysée on piétine la fonction ! Signe de l'effondrement de ce qu'elle représente désormais. Macron attaqué par un leader Vert parce qu'il s'interrogeait sur les flux migratoires en provenance de l'Afghanistan après la chute de Kaboul et du pays tout entier au mains des talibans et de leur allier d'Al Qaïda. Imagine t'on un seul instant, Pompidou, Giscard, Mitterrand subir pareil camouflet public ? Mais qu'est-devenue cette fonction présidentielle ?

L'ombre portée d'un jeune président avançant avec des chaussures trop neuves, le soir de son investiture devant la pyramide du Louvre, s'est dissipée. Il ne reste rien que la vague impression d'une parenthèse de communication, celle d'un jeune homme en marche, habillé d'un costume trop grand, déambulant comme surpris lui-même, dans la grande cour carrée du Louvre. Macron n'avait pas à l'origine même de son pouvoir la crédibilité politique pour avancer une rose à la main vers les marches du Panthéon comme Mitterrand en mai 1981. À cause de son âge, peut-être. Mais peut-on en vouloir à un peuple de ne pas trouver dans la figure d'un homme de moins de quarante ans l'image du Père de la Nation ? Tant que la Ve république sera l'enveloppe constitutionnelle de notre vie politique, le Président de la République demeurera ce « roi républicain » au-dessus de la Nation. Mais quel destin pour la ville dont le prince est un enfant, pour reprendre un titre de Montherlant ?

Aurait-on seulement imaginé sous Pompidou, Giscard, Mitterrand, Chirac qu'un appel pour un retour de « l'honneur et du devoir » au sein de la classe politique soit lancé par des généraux, des hauts-gradés et des militaires du rang ? Aurait-on imaginé en République, des militaires contester finalement le « chef des armées » ? Gabriel Attal, porte-parole du gouvernement, à l'insu de son plein gré, fit cette sortie en phase avec le climat actuel d'un pays au bord de la dépression : « Le constat d'un délitement de la société est largement partagé dans le pays ». L'autorité républicaine du chef est à terre. Macron, en renvoyant comme un laquais le chef d'État-Major des armées Pierre de Villiers a, nonobstant les dénégations des macronistes de la première heure, affaiblit l'institution militaire et ne s'en est pas grandi. Alain Bauer a l'œil qui pétille lorsqu'il parle de Macron : « Finalement, c'est plus handicapant en politique d'être très intelligent et inexpérimenté que d'être idiot mais expérimenté ».

L'abstention aux élections régionales et départementales de juin dernier ne constitue-t-elle pas un ultime avertissement avant l'explosion populaire. Voter a toujours représenté dans les démocraties matures une sorte de « soupape », un catalyseur des ressentiments et des colères populaires. Voter affirmait à la fois la vigueur de la démocratie et donnait corps, par l'urne, à une volonté citoyenne. Depuis des années, le naufrage de la participation électorale affiche sans retenue le malaise profond de notre société. Les Français pensent que ce n'est pas la politique qui peut changer leur quotidien, de pris au piège de la mondialisation désindustrialisante qui engloutit des emplois par centaines de milliers. Le ressenti de la « France périphérique » est celui-là. La « détestation » du Macron jupitérien aurait pu entrainer des cohortes d'abstentionnistes à retrouver le chemin des bureaux de vote. Il n'en fut rien. L'inquiétude monte chez les experts qui prennent régulièrement le pouls d'une France alitée. « Cette inquiétude montre que notre pays est en souffrance. À force de fragmenter la gauche et la droite, le Président de la République a fragmenté la démocratie », explique avec force Gérard Larcher, le Président du Sénat, dont la connaissance des territoires et des terroirs structure l'existence même de l'assemblée du palais du Luxembourg. Et si la violence était devenue l'expression populaire d'une rue à bout de souffle ? Et si la violence dans la rue avait remplacé le bulletin de vote dans l'urne ?

À l'issue des élections régionales, chacun a guetté les premières réactions de Xavier Bertrand ou de Valérie Pécresse, tous réélus sans coup férir dans leur région respective. Le premier, alors en avance dans les sondages, a disserté avec solennité et émotion sur le nécessaire « rétablissement de l'ordre et du respect ». Le deuxième, à son positionnement plus à droite a lâché le terme « préférence locale ». La deuxième a mis en avant le « besoin de sécurité » des Français. Mais qui peut croire que ces diagnostics en forme de promesses se retrouveront dans les actions de ces politiques s'ils accédaient au pouvoir ? La multiplication des agressions violentes, des attentats, des actes d'incivilités quotidiens effraie et tétanise une population qui a peur. Le Rassemblement national a cette fois-ci été abandonné par son électorat populaire qui lui reprocherait en réalité « sa normalisation ». La République en Marche, absente, n'est jamais parvenue à émerger. La gauche républicaine se cherche de nouvelles alliances contre nature : ou comment remplacer la défense du prolétariat ouvrier par la défense de minorités identitaires ou religieuse. Le paysage politique sonne creux mais il est toujours aussi plein de lui-même ! Pendant que la France se recroqueville dans sa peur et s'emmitoufle dans son inquiétude, les faits divers abominables s'enchaînent. La classe politique inaudible est sanctionnée par la « grève du vote ».

L'effondrement de l'autorité politique ne touche pas seulement l'hôte de l'Élysée, mais aussi les ministres et parfois certains maires.

La désagrégation de l'autorité politique s'étale sous nos yeux ébahis. On peut en rire ou en pleurer. On peut en appeler au retour aux fondements de la Ve République ou sauter comme un cabri sur l'idée d'une VIe. Le constat est fondé : l'autorité politique s'étiole avec constance. Cette désagrégation se nourrit jour après jour des pitreries pitoyable de ministres qui n'inspirent souvent plus grand-chose. La « prise de bec » entre le ministre de la Justice, Éric Dupont-Moretti et celui de l'Intérieur, Gérald Darmanin, en marge d'un Conseil des ministres à l'Élysée, restera comme un bon exemple. Les deux membres du gouvernement ont failli en venir aux mains ! Quelle image désastreuse ces deux ministres régaliens ont offert aux citoyens déjà écœurés par la politique.

Le ministre de la Justice, quelques jours plus tôt, s'était abaissé à débattre avec un candidat du Rassemblement national à une terrasse de café ! Les invectives ont fusé. Les insultes effleuraient les prises de paroles du candidat et du ministre. Tout à la même hauteur, proche le caniveau ! Pauvre Dupont-Moretti se justifiant sur la marque de sa montre. Pauvre Dupont-Moretti, bateleur de la Foire de Paris ou de la Fête à Neu-Neu, revenant à la charge verbale et donnant l'impression d'un dialogue aviné de café du commerce !

Une chose est sûre : la désintégration politique est en marche ! Globalement, la classe politique française n'inspire plus le respect ni n'incarne de valeurs. Et ces mêmes politiques s'étonnent que l'électeur délaisse l'urne pour les ronds-points du mouvement des Gilets jaunes ? Mais comment la classe politique peut elle-même se prendre au sérieux. Son déficit de crédibilité est quasi généralisé. Il n'y a finalement que les « petits élus » de terrain qui forcent le respect par leur abnégation et leur sens d'un collectif de proximité.

Et dans cet effondrement de l'autorité politique, il y a des faits qui prennent valeur de symboles fascinants.

Ainsi, Marlène Schiappa, ministre déléguée auprès du ministre de l'Intérieur, premier flic de France, s'est fait voler son disque dur d'ordinateur au bureau dans son ministère ! Proprement hallucinant. Voler un ministre, au ministère de l'Intérieur ! « Aurait-on imaginé le Général de Gaulle mis en examen » avait lancé Fillon à l'endroit de Sarkozy ? Aurait-on imaginé Charles Pasqua se faire piquer son portefeuille dans son bureau de la Place Beauvau ? Pasqua voulait « terroriser les terroristes », Darmanin, lui se crêpe le chignon avec Dupont-Moretti ! Quel absurde spectacle !

Avec une autorité politique qui bat de l'aile, l'autorité républicaine vacille inexorablement. La violence s'engouffre dans les infructuosités de ces affaiblissements. Une torpeur quasi collective semble s'être emparée du débat : à quoi bon ? C'est l'évolution, il est trop tard pour changer le choses. Sur les ruines de ces autorités, sans lesquelles le vivre ensemble s'effondre, la violence quotidienne prend racines. Certains voudraient même nous faire croire que ce délitement de l'autorité est une marque magnifique de progrès. Ainsi, avec la disparition annoncée de l'autorité comme valeur, le communautarisme pointe son nez et fracturera jusqu'à notre unité laïque.

Le statut du chef de l'État est fissuré, les ministres sont transformés en bateleurs de rue, et jusqu'aux maires de grandes villes dont le pouvoir républicain s'écroule sous leurs propres fenêtres. À Lyon, personne ne peut oublier ces parties de « rodéos urbains » illégaux et officiellement proscrits mais pourtant tolérés car la police municipale à ordre de ne pas intervenir au motif de ne pas blesser ses protagonistes. Dans quelle société sans ordre et sans respect avons-nous basculé ? À Lyon toujours, il n'est plus rare d'assister à des « rodéo fluviaux », depuis le pont Bonaparte, entre Bellecour et le Vieux Lyon. N'a-t-on pas vu trois jet-skis lancés à toute vitesse sur la Saône ? La République ne fait plus respecter ses règles. Ce recul interpelle et inquiète. Epiphénomène d'une jeunesse qui se déconfine ? Non ! La République se fracture. La France d'en bas prenant modèle sur la France d'en haut...

Le débat sur l'interdiction ou pas des drapeaux étrangers et des danses dans l'enceinte même d'une mairie lors d'un mariage démontre à quel stade nous en sommes rendus.

La Mairie représente encore l'un des sanctuaires préservés de notre république laïque. Comment accepter qu'un drapeau étranger, des danses ou des signes ostentatoires religieux puissent y trouver une quelconque place ? Quel que soit le drapeau. Quelle que soit la danse. Quelle que soit la religion. L'école de la République ne constitue déjà plus ce sanctuaire laïque et neutre depuis l'acceptation par Lionel Jospin du port du voile dans ses classes. Préservons la mairie ! Dans chaque salle de mairie française, le buste de Marianne veille sur ce roman national et républicain. Ne lui offrons pas le spectacle pitoyable du délitement final. Le ciment déjà lézardé de notre République nécessite de ne jamais renoncer à imposer les règles constitutives de ce que nous sommes.

L'effondrement de cette valeur cardinale que constitue l'autorité dans une société structurée se retrouve dans chaque pan de la toiture de ce qui fut la maison commune de la République française. L'école évidemment. Le respect des Forces de l'ordre évaporé comme est évaporée la « peur du gendarme ». Mais plus récemment, sur un terrain de football et devant des centaines de millions de téléspectateurs, la France a affiché clairement à quoi ressemble la fin d'une certaine idée de l'autorité.

Le traumatisme de l'élimination de l'équipe de France de football lors de l'Euro de juin dernier marque encore les esprits et alimente les conversations des supporters. Au-delà d'une défaite cuisante et inattendue pour les Bleus, le spectacle livré, ce soir-là, est un résumé concret de cet état de déliquescence du rôle du chef : un sélectionneur – l'un des seuls à avoir à la fois été champion du monde comme entraineur et balle au pied –, est remis en cause par des « apprentis stars » qui n'ont pas compris que leur propre statut est éphémère. Les footballeurs français avaient déjà bafoué l'autorité lors de la coupe du monde en Afrique du Sud. Bien que Raymond Domenech ne représentait nullement un parangon d'autorité incontestable !

Didier Deschamps exige d'un joueur qu'il sorte du terrain pour être remplacé. Le joueur refuse. Le coach intime l'ordre à l'un des meneurs de l'équipe de se replier pour jouer la défense et préserver l'avance au tableau d'affichage. Nouveau refus. Pendant ce temps, certaines familles de joueurs présentes en tribune se déchirent dans l'énervement et la tension générale quelques minutes avant le pénalty manqué par Mbappé. Les uns et les autres accusent le chérubin footballeur de la famille d'en face d'être responsable du naufrage du Titanic France !

En bas, sur la pelouse et dans sa zone technique, Deschamps est comme perdu, à la dérive. Il paraît sonné comme un boxeur au tapis. Comment se remettre d'un pareil affront ? C'est son autorité qui a été laminée, donc une partie importante de sa crédibilité. Les joueurs, « gamins pourris gâtés » sont responsables. Les familles, pas à la hauteur. Les parents exposent finalement dans cette tribune l'éducation qu'ils ont dû dispenser à leurs garçons devenus des stars planétaires du foot.

Mais finalement, cet épisode, en forme de tragicomédie ou de mauvais remake des « Horaces et des Curiaces » à la sauce sportive aurait pu demeurer un simple match de sport, historique certes pour la Suisse vainqueur et pour la France battue, balle au pied. Mais le spectacle à côté du terrain dévoile brusquement l'état résumé d'une société en proie à l'arrogance et dérivant sans amers et sans valeurs. Le « chef a perdu les pédales », sur le terrain les troupes s'embrouillent. C'est la Bérézina.

Restaurer « l'autorité républicaine », c'est en premier lieu restaurer le statut du chef de l'État. Tout commence par là. Les réponses d'Emmanuel Macron, comme paravent à son manque d'autorité régalienne, n'ont été que des bavardages ou des postures. Quelques postes de policiers créés, ici et là, lorsqu'un quartier s'embrasait soudainement lors de règlements de compte meurtriers. Et puis, la tenue de grands barnums dont le pouvoir politique possède le secret : « États généraux de la Justice », « Ségur de la Santé », « Grenelle de l'éducation », « Beauvau de la Sécurité », sans oublier le « Grand débat » en réponse au mouvement des Gilets jaunes. Leurs « cahiers de doléances » dorment dans les armoires des préfectures pendant que le « roi républicain » veut dialoguer avec la représentation nationale, en convoquant le Congrès, députés et sénateurs au château de Versailles !

La politique se façonne aussi avec des symboles. Le télescopage entre l'objet des « cahiers de doléances » et la demeure du « Roi soleil » frappe les esprits. Jamais un exécutif n'a autant convoqué de machins bavards sur de vrais sujets nécessitant avant tout de l'action évaluée et ajustée... Mitterrand disserta sur le « Coup d'État permanent » visant en 1964 l'exercice du pouvoir du Général de Gaulle. Mais au moins cet exercice avait-il du lustre et de la consistance. *O tempora, o mores !* Sous Emmanuel Macron, nous aurons découvert le « coup de com permanent ». Triste constat d'un pouvoir politique faible et se laissant glisser sur les courants contraires d'une République qui se liquéfie. Alors, après ces grands cirques, aurons-nous le droit à « un Vendôme de la justice » après la mise en examen de Dupont-Moretti ?... Et, pourquoi pas, à un « Élysée de l'autorité » ?

L'hubris jupitérien dévoile en réalité une grande fragilité de Macron. L'exercice de son pouvoir restera plus marqué par son autoritarisme que par son autorité. Consubstantiel de cet état de faits, ses « coups de menton » dissimulent mal son impossibilité à remplir la sphère de la crédibilité régalienne. Il court derrière son besoin d'autorité. Le 12 juillet, il annonce depuis l'Élysée la mise en place d'un « pass sanitaire », qui de facto rend la vaccination obligatoire. Il passe en force et pense avoir trouvé la martingale. Dans son entourage proche, on félicite cette audace présidentielle et cette fermeté nouvelle dessinant enfin une image d'autorité impactante. Ce n'est qu'une manière courtisane de voir la mise en place d'un document contraignant et liberticide. Son efficacité peut être contestée sur le fond. Mais, c'est sur la forme que cette mise en place choque. Une décision est tombée du ciel comme l'éclair jupitérien, mais sans véritablement de concertation ou de débats. L'urgence de la situation sanitaire l'exigeait ? Les Français seraient trop idiots pour comprendre la nécessaire obligation du « pass sanitaire », comme ils le furent supposés être par une ancienne porte-parole du gouvernement parce qu'ils étaient, soi-disant, incapables de porter correctement un masque protecteur de miasmes et de virus ? La forme des oukases politiques macroniens n'a jamais été à la hauteur du fond de l'urgence sanitaire.

Il ne faut donc nullement s'étonner qu'un début de nouveau mouvement de Gilets jaunes se soit levé en France. Chaque samedi, alors que le pays est en vacances estivales, la contestation enfle. Il ne s'agirait que d'une poignée de contestataires complotistes et extrémisés. Ce sont les éléments de langage que diffusent à longueur de prises de parole les membres du gouvernement. Mais cela n'augure que de deux hypothèses : ou bien le gouvernement minimise l'ampleur de la mobilisation et la stigmatise pour se rassurer ; ou bien il traite avec suffisance et arrogance un nouvel embryon de grogne populaire.

N'a-t-on jamais vu la France manifester pendant les vacances d'été ? Macron, trop sûr de lui et dominateur, aurait dû sans doute accorder plus d'importance à cette partie du pays dans la rue. À la mi-août, dans une note interne, le Service central du renseignement territorial (SCRT), qui compte dans ses rangs et des policiers et des gendarmes de terrain, alerte Macron. Il faut s'attendre à une participation d'au moins 250 000 personnes dans toute la France pour le cinquième épisode de la contestation anti « pass sanitaire ». Un officier pense qu'ils seront plutôt 350 000, réunis « dans une foultitude de revendications disparates dont le point commun est Macron ». La note indique aussi qu'il y aura beaucoup de familles dans les cortèges de ce week-end du 15 août. Une manière d'indiquer sans doute que les éventuelles « interventions policières » devront être calibrées pour éviter les drames, les blessés, voire pire. La « doctrine répressive » utilisée lors de certains rassemblements violents de Giles jaunes ne peut pas y être employée. Mais, une évidence saute aux yeux : quel que soit le nombre de participants, le mouvement peut prendre plus d'ampleur à la rentrée. La vertigineuse hausse du prix du gaz va constituer un déclencheur. La question du pouvoir d'achat n'est que trop peu abordée par ce gouvernement.

Chaque week-end estival, près de 200 actions partout dans le pays ont eu lieu. Une semaine auparavant, le samedi 7 août, il n'y avait eu « que » 150 défilés, dont quatre à Paris. L'un d'entre eux avait fusionné les causes Gilets jaunes et sanitaire. La jonction entre les deux principaux foyers de contestation peut-elle être réalisée à la rentrée ? Ou dans les mois qui viennent avec comme toile de fond la contestation de l'autoritarisme de Macron ? « Plus l'élection présidentielle va approcher, plus les manifestations peuvent se multiplier » indique un proche du pouvoir. Mais la crainte politique la plus périlleuse serait évidemment de constater sur le terrain que le mouvement des Gilets jaunes et celui des « anti pass » ne forment plus qu'un.

Le Sud de la France – Marseille, Montpellier, Toulon, Toulouse, Nice – a pris la tête de la contestation sanitaire... Le mouvement des Gilets jaunes ciblait davantage Paris.

Face à cette colère populaire qui semble s'incruster, laissant entrevoir une rentrée problématique, Macron fait acte d'autoritarisme. De détermination, dirait son cercle rapproché. Il part en vacances à Brégançon pour signifier que tout cela n'est rien et qu'il ne change donc pas un iota de ses congés dans le Var. Il prend le risque, une nouvelle fois, de transformer cette sorte de jusqu'au-boutisme autoritaire en une arrogance, montrée du doigt. Le Président en vacances comme si de rien n'était... ou presque. Depuis sa retraite varoise, il décide de capituler en rase campagne sur le « contrôle technique des deux-roues ». Verticalité de la décision et aveux du manque de courage politique devant les pressions. Il y a là les deux ingrédients majeurs et caractéristiques de l'exercice du pouvoir macronien. Mais surtout, ce tête-à-queue politique traduit sa grande fébrilité sur la possible agglomération des mouvements de contestation populaire qu'il redoute par-dessus tout. Cela rendrait la situation incontrôlable. Cette fébrilité présidentielle est telle qu'il préfère éteindre tous risques d'embrasement en France en se mettant à dos Bruxelles.

En effet, depuis 2014, Paris doit transposer une directive européenne sur le contrôle technique des deux-roues. La France est presque le dernier pays à ne pas l'avoir transposée. Et cela alors que Macron communique en expliquant la main sur le cœur qu'il lutte contre les pollutions et qu'il est pro-européen ! La communication n'est pas l'action. L'autoritarisme vertical n'est pas davantage l'autorité assumée. L'absolutisme se décrète mais l'autorité se construit.

Sur ce nouveau renoncement technique, le journal *Le Monde* se fend d'un éditorial au vitriol : « Pour être à la hauteur des risques climatiques majeurs des années qui viennent, nos démocraties auront besoin de responsables crédibles dans leur capacité à faire œuvre de pédagogie et de courage politique afin d'accélérer la décarbonation de nos sociétés. Précisément l'inverse de ce que le président de la République vient de faire. » Manque de crédibilité, de pédagogie, de courage politique, verticalité des oukases jupitériens... Le roi est nu.

Il fait encore beau, au cœur de l'été, sur la Forteresse à Bormes-les-Mimosas dans le Var. Pourtant, les signaux aveuglants d'une fin de quinquennat faible sur le bilan et sur l'exercice du pouvoir se multiplient.

La construction de l'autorité est bien plus longue qu'une simple déclaration de quelques minutes au palais de l'Élysée. L'autorité, de plus, n'a aucune chance de s'imposer lorsqu'elle se heurte à la réalité de paroles en totale contradiction avec celles prononcées sur le même sujet quelques mois auparavant. Macron est un champion du genre. Le concept du « en même temps » lui aura servi assez souvent de paravent derrière lequel il dissimulait une décision prise puis, quelques temps plus tard, une autre allant exactement en sens inverse.

N'avait-il pas affirmé avec force en novembre 2020 que « jamais il n'imposerait la vaccination obligatoire ? ».

Le site BuzzFeed.News collectionne les perles macroniennes en matière de tout et son contraire. Colonisation, mariage pour tous, 35 heures, peopolisation... le candidat d'En Marche ! est apparu ces dernières années comme le spécialiste du va-et-vient dans ses déclarations politiques. « La preuve en onze cas », tonitrue sur l'air des lampions le site media. Il y a les renoncements, les « va-et-vient » presque rigolos, il y a les mensonges et les trahisons douloureuses qui sont d'un autre acabit. Celle sur l'Algérie demeurera l'une des plus marquantes. En novembre 2016, Macron en France déclare : « Oui, en Algérie, il y a eu la torture, mais aussi l'émergence d'un État, de richesses, de classes moyennes, c'est la réalité de la colonisation. Il y a eu des éléments de civilisation et des éléments de barbarie ». En février 2017, Macron en campagne électorale se déplace en Algérie : « La colonisation fait partie de l'histoire française. C'est un crime, c'est un crime contre l'humanité, c'est une vraie barbarie et ça fait partie de ce passé que nous devons regarder en face en présentant aussi nos excuses à l'égard de celles et ceux envers lesquels nous avons commis ces gestes ». On ne joue pas avec l'Histoire de deux pays. Ni avec la mémoire de ceux qui l'ont construite avec leur sang. L'autorité va toujours de pair avec la responsabilité. L'une ne peut aller sans l'autre. Nous l'avons constaté plus qu'à notre tour pendant ces cinq dernières années.

L'explosion de la violence

Avons-nous plus peur de la violence aujourd'hui qu'auparavant ? Avons-nous peur d'en parler ? La crainte de désigner les responsables ? La peur de se livrer à des amalgames ?

La société française se fissure sous les coups de boutoir d'une violence protéiforme et omniprésente. Les violences du quotidien sont multiples, les agressions sont nombreuses, les incivilités sont pléthoriques. Le « vivre ensemble » prend cher ces derniers temps. Il est devenu une chimère dont plus grand monde ne semble vouloir. Les « beaux esprits » des quartiers doucereux et bourgeois de Paris commencent à se remémorer la phrase prophétique de Gérard Collomb, Ministre de l'Intérieur, sur les marches de Beauvau avant son départ sans gloire : « Aujourd'hui, on vit côte à côte, je crains que demain on vive face-à-face ». La phrase est déjà sans doute dépassée. Nous sommes déjà demain. Gérard Collomb n'aura pas brillé à Beauvau. Tout au plus si l'on se souviendrait de ses larmes versées à l'Élysée lors de l'intronisation de son poulain devenu « pur-sang » sous les ors de la République. Mais cette phrase personnelle pour un socialiste de longue date à valeur de véritable aggiornamento !

Dans ce « pot commun » d'une société bousculée de toutes parts, les sujets d'inquiétude sont légion :

la criminalité, le terrorisme, l'immigration illégale, le communautarisme... Cette litanie n'a pas pour but de mettre tous ces sujets lourds et complexes sur le même niveau dans une dénonciation populiste et démagogue. Il s'agit juste de nommer les sujets par leur nom. À force de renoncement, la classe politique a laissé prospérer ces « dynamiteurs de la République ». Il n'est que temps de se ressaisir collectivement.

La violence des rues et la violence des mots. Le « parler-vrai » est remplacé par le masque protecteur du Covid-19, « devenu l'ornement métaphorique de l'obsolescence du courage », comme l'a si bien senti Fabrice Haddaji. Les enjeux politiques sont clairs pour le scrutin roi de 2022. L'homme du concept de « l'archipel français », le politologue Jérôme Fourquet, analyse ces montées de violence tous azimuts en une seule phrase : « L'exaspération face à la délinquance influera sur le résultat de la présidentielle ». Qui incarnera le plus fortement aux yeux des Français cette fonction clef de protection de notre République tellement fragilisée ? Georges Clémenceau, comme chef de gouvernement ou Ministre de la Guerre, incarna bien plus fortement l'autorité républicaine que les présidents du Conseil auxquels il rendait des comptes, que ce soit Raymond Pointcarré ou Armand Fallières. Mais c'était une autre République. Aujourd'hui, la Cinquième République et sa constitution de 1958 permettent de se glisser dans ce costume taillé par de Gaulle. Son étoffe est-elle introuvable ? Ou l'étoffe de ceux qui doivent le revêtir est-elle nettement insuffisante ?

Le principe de précaution, devenu constitutionnel, a abrasé nos reliefs personnels de courage et d'abnégation pour donner naissance à la peur individuelle et aux craintes collectives. Seul, nous avons la trouille. Et parce que nous ne sommes plus ensemble, nous n'avons plus les ressorts pour forger une force commune. Les violences physiques ou sociales supportées par les autres finissent par nous insupporter lorsqu'elles nous touchent directement. Sinon, nous détournons le regard pour nous blottir sous la couette douillette de nos lâchetés personnelles. La mondialisation tous azimuts nous a plongés dans la solitude. C'est seul, bien souvent, que nous faisons face à nos peurs communes.

Pendant des années, la « bien-pensance » a culpabilisé les premiers courageux. Ceux qui pensaient différemment de la doxa ambiante, mâtinée de bons sentiments altruistes et naïfs en toutes circonstances. Aujourd'hui encore, il faut de la force de caractère pour oser pointer du doigt l'accroissement de la violence, la question de l'immigration, la montée de l'islam politique. Ces lanceurs d'alerte sont stigmatisés. Il s'agit encore de sujets tabous que la gauche n'aborde que rarement et en se pinçant le nez. Ceux qui franchissent le Rubicon sont affublés immanquablement des quolibets accusateurs de populistes ou de fascisants...

Pendant des années, ces anathèmes de la pensée dominante suffisaient le plus souvent à assécher les prises de paroles publiques des « déviants idéologiques ». Mais la réalité n'a pas disparu pour autant. La réalité des faits – contre laquelle les idéologies ne peuvent rien – éclate aux yeux de tous. Il ne fallait pas dénoncer, ne rien dire, par peur (encore elle !) de monter les Français les uns contre les autres. Pendant des années, nos beaux esprits expliquaient que les facteurs de dégradation de la vie citoyenne ou de l'explosion des violences ne constituait juste qu'un effet de loupe grossissant, tout au plus conjoncturel. D'ailleurs, le déconfinement post crise sanitaire expliquerait, pour certains, l'explosion des violences endémiques qui remplissent les « bandeaux déroulants » des chaines infos ou les post des réseaux sociaux. En réalité, la violence s'enkyste dans notre société. Elle devient structurelle parce que faute de repères communs et de règles partagées et respectées par le plus grand nombre, elle devient la norme.

Nos « beaux esprits » ne voulaient donc pas parler de cette lente putréfaction de la société française par pseudo héroïsme intellectuel et donc par crainte de braquer une partie de la population française, ou pour ne pas stigmatiser un autre groupe. Tout cela n'était pas bon pour l'unité du pays et des Français. Il fallait éviter la partition du peuple. La ségrégation sociale ou les envies régionalistes constituaient déjà des épines dans les pieds tordus de la République. Dans ces années-là, au tournant des années 80 et 90, le mot n'était pas à la mode mais il était déjà sous-jacent : séparatisme... L'intelligentsia de gauche, sûre d'elle-même et dominatrice, rêvait à la pierre philosophale pour « conscientiser les masses » et lui éviter d'arpenter le mauvais chemin pour son avenir et son unité. Les intellectuels de gauche tendaient une main généreuse au pauvre peuple. Ils allaient lui apprendre à penser, à se cultiver pour s'éviter le pire ! Ils voulaient décider pour lui. Lui indiquer le cap, le « juste » et droit chemin de l'épanouissement et du « mieux vivre ensemble ». C'était le temps de l'humanisme bon teint et du « droit de l'hommisme » triomphant. Ils représentaient les vertus cardinales du « prêt-à-penser » de gauche. Ah, la belle époque où les Tiers-mondistes au grand cœur n'étaient pas encore devenus des tiers-mondains en Louboutins ! Les « arroseurs idéologiques » des années 80 ont été arrosés dans les années 90, trempés dans les années 2000, noyés depuis. Les idées de gauche en matière sociétale voulaient sauver le peuple, jusques et y compris contre lui-même ! Elles l'ont condamné.

La société française est aujourd'hui en proie au séparatisme et autres communautarismes. La République française, fragilisée et fissurée, en devient perméable aux nouvelles idéologies mortifères venues des États-Unis, comme le « wokisme » et la *cancel culture* en tête. Cette culture racialisée de la repentance et de la stigmatisation des Blancs constitue le nouveau *deus ex machina* intellectuel de la gauche américaine. Lui emboîtant le pas, une partie de la pauvre gauche française fonce tête baissée dans le panneau de la nouvelle idéologie, machine à broyer l'Histoire et les Nations. Le « phénomène cancel » est tel que Obama lui-même est monté au créneau pour indiquer sur CNN que, dans son propre pays, cette « philosophie » de l'essentialisme et du racialisme allait trop loin.

La « critical race theory » née sans bruit dans les années 70 aux États-Unis gonfle comme un tsunami et menace d'engloutir l'Histoire des Nations. La gauche marxiste s'est trouvée un nouveau combat. La « lutte des classes » est abandonnée par cette « nouvelle gauche » au profit de la « lutte des ethnies » et la « lutte contre le privilège blanc ». La génuflexion a envahi les terrains de sport, elle est priée de s'inviter dans les « esprits malades » des hommes blancs. La gauche française se fracture lamentablement sur ces écueils dangereux pour la cohésion nationale. Devenue irréconciliable pour reprendre la sentence de Manuel Valls, elle semble vouer à errer à la recherche de son unité. Le vent vient d'Amérique, il touche les côtes françaises. Le droit de regard sur le passé et l'Histoire ne peut légitimer les outrances culpabilisantes qui envahissent le débat public des deux côtés de l'Atlantique. Pourquoi rendre responsable un écolier américain en 2021 de l'arrivée, dans son pays, du premier esclave sur la côte Est, en 1619 ? Un lycéen nantais ou bordelais doit-il se sentir responsable de la mise en place au XVIe siècle du « commerce triangulaire » entre l'Afrique, l'Europe et l'Amérique qui durant plusieurs siècles vit vingt millions d'Africains réduits en esclavage, souvent livrés par des tributs adverses ?

Combien de siècles alors la jeunesse allemande devrait porter sur ses épaules les monstruosités du régime nazi ? Combien de temps encore la Révolution française mettrait-elle à absoudre ses crimes contre les Vendéens ?

La « gentille moraline peace and love » a été dévorée toute crue par la dure réalité violente et parfois mortelle que subit la France périphérique, mais aussi celle des quartiers entiers de grandes banlieues, abandonnés par la République. On découvre que dans la cité des Flamants à Marseille, comme ailleurs, la racaille a mis en place une barrière, instaurant une frontière où elle filtre à l'entrée ceux qui ont le droit d'accéder à ce no man's land. Une violence sans fard et sans filtre, et plus elle pétarade de faits divers en faits divers, plus le silence assourdissant de l'impuissance politique remplit nos oreilles citoyennes. Nous ne devons pas oublier ces victimes du quotidien. Rarement, les media n'accordent sa juste place à ce magma éruptif d'une violence qui donne l'impression non pas d'un sentiment d'insécurité mais d'un effondrement de la sécurité.

J'ai glané dans la presse cet « échantillon » de faits, d'incivilités, de crimes. La litanie non exhaustive, sur quelques semaines, fait froid dans le dos. Les statistiques, lorsqu'elles existent, ne peuvent retranscrire, cachée derrière un chiffre froid, la réalité factuelle de ce qui s'est passé ce jour-là, ce soir-là. Parlons des victimes, donnons le nom des rues, le jour et parfois l'heure pour donner corps à toutes ces souffrances empilées, jour après jour.

Après le meurtre de policiers à Avignon et à Rambouillet, le 28 mai, une policière municipale est agressée au couteau à La Chapelle-sur-Erdre, en Loire-Atlantique. C'est un vendredi vers 10 h 20. La victime est grièvement touchée. Son pronostic vital est engagé. Le suspect est en fuite. Il lui a subtilisé son arme. Un très important dispositif policier est déployé. Les habitants de la Chapelle sont appelés à demeurer claquemurés chez eux

Le même jour, la tension est forte à nouveau, rue Jules-Guesde, dans le quartier de Wazemmes à Lille. La petite artère commerçante est bouclée par de nombreux policiers. Au milieu, les pompiers venus avec trois ambulances et deux équipes du Samu sont sur place. Il y a beaucoup de sang. Trois jeunes hommes ont été blessés, un grièvement par balle au thorax, deux à coups de lame plus légèrement. Une grosse plaie au crâne pour l'un d'eux montre que la scène a été d'une violence inouïe. Les trois victimes, conscientes, sont transportées à l'hôpital. Au sol, de ce qui apparaît comme un règlement de comptes de plus, des traces de sang et trois munitions semblant être du neuf millimètres.

La police et les Forces de l'ordre deviennent la cible à abattre. La caserne des gendarmes de Flers, dans l'Orne, a subi une attaque aux tirs de mortier. Il faisait encore jour en ce début de soirée du vendredi 28 mai 2021. Un petit groupe d'individus a ensuite incendié neuf véhicules. Acte gratuit devenu presque banal. L'incendie spectaculaire a alimenté les discussions dans les rues de Flers, d'Alençon ou d'Argentan. L'incendie a nécessité l'intervention d'une soixantaine de pompiers. L'enquête a-t-elle abouti ?

Le 2 juillet, une trentaine d'individus s'est rassemblée place Charlie Chaplin à Bourgoin-Jallieu, en Isère, pour placarder sur les murs des photos de policiers du commissariat, indique une source policière. Au total, douze photos au « format A4 » – trois clichés reproduits en plusieurs exemplaires – ont été exposées, accompagnées d'insultes, précise France 3 Isère. Les visages de policiers exposés sur des affiches comme autant de « wanted » du Far West où des « tueurs à gage » recherchaient « morts ou vifs » des fuyards pour leur infliger une justice expéditive. Sommes-nous en train de basculer dans le puits sans fond d'une spirale de violences ?

Alertés, les fonctionnaires de police de Bourgoin-Jallieu se sont rendus sur les lieux pour arracher les affiches placardées. Ils ont alors fait l'objet de tirs nourris de mortiers. Des individus leur avaient tendu un guet-apens. Les forces de l'ordre n'ont pas été au contact. Les auteurs de ces actes de guérilla urbaine prennent la fuite au moment où des renforts policiers arrivent sur place. Y-aura-t-il une enquête pour identifier les auteurs des faits et les retrouver ? Des appels à témoins ? Mais la peur touche aussi ceux qui pourraient témoigner...

À Lyon, une femme est menacée de mort chez elle parce qu'elle était témoin d'un jet de projectile. Un témoignage parmi tant d'autres de collectifs d'habitants dans la capitale des Gaules...

Plus rien ne semble compter, ni l'heure, ni l'endroit, ni l'âge des victimes – ou des agresseurs – dans cette accélération des violences.

À Thiais, en région parisienne, une femme de 92 ans est traînée par terre, en pleine journée, pour tenter de lui arracher ses deux colliers. Les faits se déroulent devant le centre commercial Belle Épine. Les passants assistant à la scène sont saisis d'effroi. D'autres tentent d'intercepter les auteurs de cette attaque. Quelques minutes plus tard, deux hommes en situation irrégulière sont interpellés par la BAC.

La peur de sortir prend de l'ampleur pour des populations déjà en difficulté sociale et économique. Une femme raconte sa vie dans une cité à Aubervilliers. Le visage est flouté. La voix tremble un peu : « Avant de sortir de chez moi, je regarde par la fenêtre si les dealers sont en bas. » La locataire du HLM est sur ses gardes lorsqu'elle franchit la porte à battants et aux vitres brisées de son porche, transformé en salle de shoots. Parfois, elle entend des cris. Elle a la trouille aussi que « les drogués meurent sous les boîtes aux lettres ». La voix est plus ferme dans ce reportage télé. « Mais, vous savez SOS Médecin ne vient plus ici, ça fait longtemps maintenant. » Avec un peu de lassitude mais sans sombrer dans un quelconque misérabilisme, « je ne reçois plus personne car on leur pose des tas de questions, en bas. » Elle conclut : « je me sens abandonnée ! ».

Les « cités », des tours de logements sociaux, sont devenus des zones de non droit livrées aux vents de tous les trafics. *Le Dauphiné* dans son édition du 1er juin relate : « La dramatique série des morts violentes et des règlements de compte se poursuit à Avignon. Vers minuit dans la nuit du 31 mai au 1er juin, deux individus ont été tués par balles près de la résidence HLM Champfleury entre l'avenue Eisenhower, l'avenue Martelange et la rue Achard. L'un des deux hommes, âgé de 34 ans, a été déclaré mort sur les lieux. Le second individu a été déclaré décédé à l'hôpital où il a été déposé par un tiers. Il était âgé d'une vingtaine d'années. » Une douzaine de coups de feu a été tirée cette nuit-là dans ce quartier d'Avignon.

Des agressions à la personne, abjectes, utilisant une violence de plus en plus inouïe et incontrôlée. Le 2 juin, une femme s'est fait agresser à coups de marteau. L'attaque s'est produite à La Genevraye en Seine-et-Marne. Ce sont des cyclistes qui ont donné l'alerte. Ils ont découvert au bord du canal de Loing une femme recroquevillée en position fœtale. Plaie au visage et plaie sur le crâne. L'agresseur, note le site digital de *La Dépêche du Midi*, serait un détenu en permission qui était en train de purger une peine de 10 ans de détention pour viol... Comment un homme accusé de viol peut être dans la rue 5 ans avant la fin de sa peine ? Des remises de peine ? Les réponses juridictionnelles et techniques ne sont plus audibles aux oreilles de la plupart des Français. Même si ces réponses respectent la loi.

Agression à la personne. Le 9 juin, un simple tweet pour relater un fait comme beaucoup d'autres : « Je viens d'apprendre qu'un très bon copain de mon fils, 24 ans, à Clermont-Ferrand, s'est fait défoncé par trois individus à 23 h 30 hier soir, en plein centre-ville, juste, pour lui voler son portable. Il est encore à l'hôpital souffrant de multiples fractures. » Personne n'a oublié, Lorenzo. La vie de cet adolescent de 19 ans et de ses proches a subitement basculé dans la nuit du 23 au 24 août 2020. Cette nuit-là, une violente bagarre éclate entre deux groupes de jeunes à Lattes, dans l'Hérault. Lorenzo est violemment frappé alors qu'il est au sol. Sa moelle épinière est touchée et il est laissé pour mort. Depuis cette terrible sauvagerie, le jeune homme est tétraplégique. « Agressé sur la dalle Beaugrenelle, les jours du jeune Yuriy ne sont plus en danger », ce titre d'un papier de FranceBleu.fr redonne un peu d'espoir à la famille de cet adolescent d'origine ukrainienne. Il a été victime d'un passage à tabac en règle le 15 janvier 2021. L'agression terrible s'est déroulée en plein jour. Elle a été perpétrée par une dizaine de jeunes, de bandes rivales, équipés de battes de baseball, de béquilles et d'un marteau.

Pour ne pas oublier Adrien. Cette dépêche de l'AFP glaciale et factuelle. Deux frères de 22 et 23 ans – Yanis et Younès El Habib –, ont été condamnés ce vendredi 2 juillet à 15 ans de réclusion criminelle par la cour d'assises de l'Isère après la mort d'Adrien Perez le 29 juillet 2018. Ils ont été acquittés pour le meurtre et la tentative de meurtre (sur un ami d'Adrien) mais condamnés pour coups mortels et violences ayant entraîné la mort sans intention de la donner avec arme. Les faits ont été requalifiés car l'intention de tuer n'a pas été retenue par la cour. La famille s'est sentie un peu plus meurtrie et inconsolable. Un troisième individu à qui il était reproché des violences aggravées, Liam Djadouri, a lui été condamné à 2 ans de prison avec sursis. Les délibérations ont duré près de 10 heures. Adrien, lui, a pris « perpette ».

J'entends déjà nos « bonnes âmes » légitimistes crier à la démagogie et au populisme. Mais, les mêmes qui préfèrent parler de « sentiment d'insécurité » nieraient ma liberté d'expression à affirmer qu'une part importante de la population vit quotidiennement dans un « sentiment d'injustice » ? Il faut s'en soucier. Il faut rapidement le prendre en compte également. Sinon, oui, le « populisme » le plus délétère et impitoyable gagnera les rues françaises. Qui en portera la responsabilité ?

À côté des agressions à la personne se développent des scènes de plus en plus inquiétantes de guérilla urbaine.

La rue fait sa loi et détient le pouvoir et l'autorité d'imposer aux élus leurs règles. Les services de renseignements sont de plus en plus inquiets devant la montée inexorable, souvent minimisée par les media, d'une violence tous terrains. Les « notes blanches » remontent nombreuses en direction de l'Élysée, de Matignon ou de la place Beauvau. « On ne sait pas ce que les politiques en font », indique l'un de ses rédacteurs les plus assidus. « Mais, nous alertons de plus en plus régulièrement nos hiérarchies ». Le danger rôde. Les écrits se multiplient. En démocratie, les actes forts sont difficiles à décider.

Ainsi, le 7 juin, la population locale assiste à une nuit d'émeutes à Sens. Pillages, violences. « Des commerces ont été vandalisés, des poubelles brûlées, des voitures incendiées » témoigne Jean-Pierre Crost, adjoint à la mairie de Sens, tout encore choqué de constater que cette ville paisible de l'Yonne devient le théâtre de scènes de violences répétées.

Les lois de la République reculent. Début juin encore, à Cavaillon dans le département du Vaucluse, des dealeurs ont installé d'imposants dos d'âne dans les rues d'une cité pour ralentir les policiers lancés à leur poursuite... À Rennes, les grilles qui entourent l'école primaire Champion de Cicé avaient totalement été recouvertes de larges bâches noires, a révélé CNews. Une initiative de la mairie pour éviter que les enfants ne se trouvent au contact des dealers. La République n'a plus les moyens de faire respecter ses propres lois, alors elle masque la réalité derrière une bâche ou derrière le silence coupable du renoncement. Mais le peuple souffre.

« C'est la première fois depuis la fin de la "jungle" [démantelée en 2016] qu'on atteint un tel niveau de violence », a réagi la préfecture du Pas-de-Calais auprès de France Bleu Nord. Le démantèlement de la jungle dite de

Calais fut une opération inédite en France. Elle démarra le 24 octobre 2016. Il fallut évacuer 6 400 migrants présents dans ce camp de réfugiés.

Le jeudi 3 juin, des affrontements éclatent entre CRS et migrants. Une « nouvelle jungle » de Calais s'est en réalité reconstituée. La population est excédée. Environ, 500 migrants habitent de nouveau sur place. Sept CRS ont été blessés après des échauffourées qui ont duré de 3 heures à 8 heures du matin. Une seule personne a été interpellée, selon la préfecture. Cette nuit-là, une cinquantaine de migrants auraient essayé de s'introduire dans une zone du port. Après avoir été repoussés, ils sont revenus plus nombreux. Selon les autorités, au plus fort des tensions, une centaine de personnes faisait face aux forces de l'ordre. Un CRS du syndicat Alliance Police nationale, Manuel Vanoeteghem, évoque le chiffre de 300 migrants, armés de « barres de fer » et jetant des objets, pavés et boîtes de conserve, sur les CRS. « On a eu 32 collègues contusionnés, sept ont dû aller à l'hôpital pour réaliser des examens complémentaires. Au moins un s'est vu prescrire 14 jours d'ITT », affirme le syndicaliste. La question de l'immigration est devenue centrale. Parce que le Rassemblement national s'en est emparé, il serait tabou de dire que notre politique d'immigration ou que notre droit d'asile doivent être revus de fond en comble ?

Le débat n'est pas nouveau. Quatre mois avant la victoire de Mitterrand le 10 mai 1981, le tonitruant Premier Secrétaire du Parti Communiste Français, le très stalinien Georges Marchais, tape du poing sur la table lors d'un meeting électoral et déclare, qu' « en raison de la présence en France de près de quatre millions et demi de travailleurs immigrés et de membres de leurs familles, la poursuite de l'immigration pose aujourd'hui de graves problèmes. Il faut stopper l'immigration officielle et clandestine ». Nous sommes le 6 janvier 1981, la gauche unie s'apprête à accéder au pouvoir dans l'allégresse et la bien-pensance, sous les hourras de l'universalisme humaniste ! Les Communistes, principale force d'appoint de Mitterrand, peuvent coller des affiches aux slogans « produisons français », ou défoncer à coups de bulldozer, dans le Val-de-Marne des foyers Sonacotra pour travailleurs immigrés, pas un commentateur avisé ne traitera le PCF de parti fasciste ou xénophobe !

À la mi-juin, la scène ne se déroule pas loin d'une artère principale de Cayenne. Des Guyanais palabrent vertement avec un clandestin Marocain qui exige un logement. Il veut aussi le droit d'asile au nom du respect des droits de l'homme ! La vidéo a fait un certain buzz sur les réseaux sociaux. On y constate la colère à peine rentrée de nos compatriotes guyanais. Face aux vagues incessantes d'immigration, cette partie de France en Amérique du Sud est sous une tension constante. Elle s'appelle Suzette, elle témoigne au micro de Guyane Première : « Je suis allée manifester. Je crois que c'est la première fois dans ma vie que je me mobilise. J'ai 76 ans, et j'étouffe. Nous sommes depuis plus d'un an confinés, reconfinés, soumis à des règles très strictes. Nous ne pouvons pas voyager et depuis un an, nous apprenons que des personnes franchissent des frontières fermées pour réclamer l'asile politique en Guyane. Ces personnes dorment dans la rue. Les rues sont sales. Lors du couvre-feu, le dimanche Cayenne ressemble à une ville fantôme avec des personnes qui errent sans but. La Guyane est une terre d'accueil, nous le prouvons tous les jours, mais nous n'en pouvons plus d'être stoïques, de nous taire, nous mourrons à petit feu ». Un demandeur d'asile marocain à qui des Français exigent qu'il retourne chez lui. Une autre Française de Guyane qui confie n'en plus pouvoir de se taire et de « mourir à petit feu »... Que se passerait-il si pareil dialogue ou considération s'engageait en métropole ? Violence ? Accusations de racisme ?

Un policier en civil, roué de coups à la gare RER de Massy-Palaiseau. Le fonctionnaire se rendait à son travail. Il décide avec courage de s'interposer face à trois jeunes Maghrébins qui sont en train de s'en prendre à des usagers. Le policier fait état de son statut professionnel. Les trois voyous le frappe violemment au visage lorsqu'il sort sa carte de police. Le fonctionnaire reçoit des coups de pied et de poing. Il réussit à composer le 17 pour prévenir ses collègues de la BAC (Brigade anticriminalité) qui interpellent les trois individus, en état d'ivresse, âgés de 17, 27 et 28 ans, de nationalité algérienne et marocaine. Ceux qui accusent la police de violences devraient s'interroger si pareille agression s'était déroulée aux États-Unis. Que ce serait-il passé pour ces voyous agressant un policier noir ou blanc ?

L'ONU exhorte la France à mettre en place des statistiques ethniques au nom de la lutte contre « le racisme systémique ». Curieuse et étrange manière d'aborder un sujet toujours si tabou en France, précisément au nom de la lutte contre la stigmatisation ! Peu importe les intentions politiques ou les préventions de langage de l'organisation internationale. Il faut réaliser ce travail essentiel pour comprendre notre société. Depuis 2017, une augmentation de 20 % d'étrangers en situation irrégulière bénéficiant de l'Aide Médicale d'État a été constatée. Leur nombre serait passé de 315 000 il y a quatre ans, à 380 000 aujourd'hui. Peut-on laisser autant de Français au bord du chemin en continuant à accueillir autant de ressortissants de pays étrangers ? Certes, la solidarité ne se divise pas, elle se multiplie. Avons-nous les moyens, les structures et actuellement pouvons-nous

nous appuyer sur une société française assez solide pour continuer sur cette voie d'un accueil massif ?

La mise en place de statistiques ethniques serait à la fois un acte d'autorité et un outil efficace pour gérer le flux migratoire. En 2009, l'industriel Yazid Sabeg, devenu « commissaire à la diversité et à l'égalité des chances » de Nicolas Sarkozy, avait proposé que le parlement se saisisse et débatte d'un projet « visant à rendre licite la mesure de la diversité ». Tollé à gauche. Le projet est demeuré lettres mortes. Nous aurions sans doute gagné du temps et basculé dans une société de plus grand apaisement. Le flou constitue le chemin le plus court vers le ressentiment et le complotisme. La transparence, au contraire, réconcilie avec la vérité.

La France a peur

Il y a les violences physiques. Il y a les violences du laisser-faire et de l'inaction qui torpillent les bases de notre société. Et puis les lâchetés affichées par quelques institutions de la République consumant encore un peu plus l'autorité. La journaliste Elisabeth Lévy écrit : « La scène se déroule en septembre 2020, quelques semaines avant l'assassinat de Samuel Paty, lors d'un cours d'arts plastiques dans une classe de 3e du collège Bellevue à Toulouse. L'enseignante montre des photos de statues grecques. Une contestation émane d'un élève âgé de 16 ans, un petit-fils d'imam qui a dû sécher les cours sur la laïcité : "on n'a pas le droit de montrer des visages", lance-t-il. Sa prof lui répond que ces prescriptions religieuses n'ont rien à faire en classe. Quelques jours plus tard, il retourne la voir et lui tient – dit pudiquement *La Dépêche* – des propos relevant de l'apologie du terrorisme : "les frères Kouachi avaient raison". Elle prévient le chef d'établissement qui signale l'incident au rectorat lequel affirme avoir apporté une vigilance particulière à l'incident. En effet : celui-ci dépêche les référents "Valeurs de la République" et "Radicalisation". Les islamistes doivent trembler. Il y a des réunions, le procureur est saisi, l'élève entendu. Tout ça pour un non-lieu prononcé le 7 janvier. » L'élève pris en flagrant délit d'apologie du terrorisme islamiste sera exclu de son établissement mais avec sursis ! Il sera juste prié de ne plus se rendre en cours d'arts plastiques. L'enseignante choquée et peu soutenue par son institution chercha à obtenir une mutation. Les islamistes ont tremblé… mais de rire devant la faiblesse de la réponse de la République dans le sanctuaire de l'école.

Souvent montrée du doigt, la dilution de l'autorité dans l'Éducation nationale ne touche pas seulement les enseignants submergés mais aussi l'institution elle-même. J'ai bien en tête les confidences d'un professeur d'un collège de Nice signalant des cas de radicalisation islamiste dans l'enceinte de son établissement. Le rectorat lui avait demandé de la discrétion. Pas de vagues. Jamais de vagues. Pas d'exemples. Jamais d'exemples. Juste l'impression que la République place sous le tapis de son autorité toutes les poussières qu'elle ne veut pas regarder en face.

Tous ces actes légers ou terribles qui laissent sans voix la République alimentent un sentiment d'injustice. Mais surtout, la modicité des réponses et la multiplication incessante des violences l'exposent à la propre accentuation de sa faiblesse qui est responsable, en retour, de l'accroissement des violences et donc d'une insécurité ressentie un peu partout sur le territoire. Un cycle terrible. La France a peur.

Les forces de l'ordre en apnée

L'autorité s'écoule goutte à goutte, comme par les trous d'une passoire. Le sentiment d'abandon dans la police découle de la lassitude d'être mises sur le grill en permanence. Qu'il est loin le temps où les Français unanimes applaudissaient leur Police. Qu'elle est loin l'époque où, après les attentats de Charlie, la France, tous étendards politiques confondus, traçait des haies d'honneur aux héros de notre vie quotidienne ? Depuis, les Forces de l'Ordre sont remises en cause. La police est la plus exposée. L'épisode sanglant des Gilets jaunes a laissé des traces. Sur le terrain, les Forces de l'Ordre appliquent les commandements de leurs hiérarchies. On leur demande de respecter les doctrines de maintien de l'ordre à géométrie variable. Ce sont ces changements de doctrines sur le terrain, sans formation et sur un claquement de doigt des hiérarques policiers, qui ont transformé l'image de la police républicaine aux yeux de certains Français. Son statut et son autorité collaient à l'image rassurante des « gardiens de la paix ». Ils se sont métamorphosés en « cogneurs de guerre », stigmatisés par une gauche anti-flics et abandonnés le plus souvent par la classe politique au pouvoir, apeurée par le « qu'en-dira-t-on » médiatique et par le traitement que les réseaux sociaux réservent aux affaires touchant la police. Ce sentiment de lassitude et d'abandon se retrouve cantonné dans des statistiques éloquentes et dramatiques. Les Forces de l'Ordre se trouvent dans un état psychologique tragique et inquiétant.

Selon le baromètre de la Mutuelle des forces de sécurité, publié à la fin du mois de mai, et réalisé auprès d'un échantillon de 6 000 policiers, 24 % d'entre eux ont envisagé de se suicider ou ont entendu des collègues vouloir le faire au cours des 12 derniers mois. Quel constat affolant et terrifiant qui témoigne avec force et vérité que la déliquescence du pouvoir et de l'autorité politique a atteint de plein fouet le mental des représentants de la loi ! Les images exposées sur les réseaux sociaux montrant des policiers victimes d'agression, de quolibets aux prises avec des « jeunes » sans foi ni loi qui les invectivent, les conspuant sans vergogne, les assaillant de projectiles et de tirs de mortier, ont fait monter de plusieurs crans la tension à l'intérieur des commissariats ou des gendarmeries. Plus pernicieux encore et plus profond, cet effondrement à la fois de la « peur » de l'autorité en képi et du sentiment de divorce entre les flics et les magistrats a provoqué une indéniable perte d'estime chez ceux dont la vocation est de protéger et de faire respecter les règles imposées par les lois républicaines. Au total, selon cette même étude, « 40 % des policiers sont en détresse psychologique ». Un chiffre bien supérieur à la moyenne nationale. Quels impacts cet état de fait a-t-il sur l'exercice au quotidien du métier de policier ou de gendarme ? Personne ne s'en soucie. Qu'une population de fonctionnaires français soit dans notre pays frappée de la sorte par un malaise quasi général et les syndicats de l'Éducation nationale ou d'un autre grand corps de l'État bloqueraient déjà le pays, menaçant d'une grève générale. L'amplification des violences de tous genres dans un pays traumatisé par les nombreux actes terroristes, met encore un peu plus à rude épreuve nos Forces de l'Ordre.

Dans une lettre adressée aux préfets le 7 juin dernier, le ministre de l'Intérieur Gérald Darmanin tire la sonnette d'alarme, évoquant une situation inquiétante : « Depuis le début de l'année, nous assistons au développement de faits extrêmement violents ». Des faits qui « sont vraisemblablement liés aux conséquences de la crise sanitaire dont notre pays est en train de sortir ». Le nombre de forcenés délogés par les policiers du RAID ou les gendarmes du GIGN a progressé ces derniers temps. Le courrier du premier flic de France souligne une « progression de 20 % des faits de violences intrafamiliaux (sur les cinq premiers mois de l'année 2021 rapprochés à ceux de 2020) » incluant « la multiplication de faits graves de violences intraconjugales (homicides et tentatives d'homicides) ». Dans ce document, l'augmentation spectaculaire « de 137 % des interventions par le GIGN et le RAID sur des individus dangereux retranchés » est également soulignée. Si les violences à la personne explosent dans notre pays, celles justement qui ciblent les services de sécurité enregistrent une envolée à deux chiffres. Ainsi, une progression de 28 % concerne les « violences à l'encontre des services de sécurité, de santé et de secours », alors que les violences urbaines sont « dans un contexte de stabilité générale », sur les quatre premiers mois de l'année. La sortie du confinement et autre couvre-feu ne peut expliquer que marginalement et de manière conjoncturelle cet « ensauvagement » de notre société. L'effacement des règles, le manque de réaffirmation de l'autorité et le sentiment de la non application de sanctions pénales, justes, proportionnées et appliquées, constituent dorénavant notre base structurelle. « Au quotidien, je mesure, sans pouvoir le dire publiquement, l'écart croissant entre la gravité des faits et les peines encourues. Je comprends l'exaspération des Français », indique ce haut fonctionnaire. Écart aussi entre ce que vit une partie des Français au quotidien et le discours politique.

« Ces faits et leur gravité doivent appeler une réponse forte pour autant différente du traitement de la délinquance de droit commun », demande Gérald Darmanin. Le ministre exige ensuite de l'ensemble des préfets une « analyse », « dressant un état des lieux de ces faits de violences sur les cinq premiers mois de l'année ». Une analyse ? Les foyers d'incendie se multiplient et la démocratie analyse pendant que la violence la menace. Une course de lenteur d'un côté. Des traînées de poudre, de l'autre.

Il y a évidemment urgence. La violence s'empare de pans entiers du pays. Les trafics de drogues sont responsables largement de cette montée inexorable d'une part croissante de la violence structurelle. À Marseille, 156 points de deal sont connus et référencés officiellement, selon une enquête du quotidien *La Provence*. Que décide le pouvoir politique ? Rien ! On préfère à la préfecture « contrôler de loin plutôt que d'intervenir au risque de couper les trafiquants de leurs ressources financières » et provoquer une explosion généralisée dans les quartiers Nord et dans une grande partie de la cité phocéenne. On en est là.

On enregistre une augmentation de 82 % des verbalisations pour usages de stupéfiants et de 39 % pour les démantèlements de trafics de janvier à mai 2021. Les hausses de saisies de cannabis et d'héroïne atteignent, respectivement, 43 % et 99 % au premier trimestre 2021.

Par ailleurs, précise Darmanin dans cette note aux préfets, « les étrangers menaçant l'ordre public ont été systématiquement reconduits : 185 expulsions du territoire ont été menées ces 11 derniers mois », et il ajoute que « depuis le 1er octobre 2020, plus de 20 000 étrangers ont vu leurs titres être refusés, retirés ou dégradés, notamment pour des motifs d'ordre public ».

La montée structurelle de la violence en France est même reconnue par le Président Macron qui en même temps ne peut que constater son impuissance à l'endiguer : « Je pense que nous sommes dans une société de plus en plus violente », reconnaît-il lors d'un déplacement dans le Lot, à Martel, en juin. « Cette violence endémique, elle est là », mais « il faut avoir l'humilité de dire qu'on ne réglera pas tout du jour au lendemain ». La belle affaire, ou l'art présidentiel d'enfiler des perles ! Mais Jupiter, roi du contre-pied sémantique et syntaxique, manie à s'y perdre la baguette magique du en-même temps ! Le même déclare, amnésique de l'ensauvagement crescendo de notre société : « Ce que notre nation vit, c'est un sentiment d'insécurité »... Un sentiment d'insécurité ? Des termes calqués mot pour mot sur la déclaration tapageuse du Ministre de la Justice, le sieur Dupont-Moretti. La bataille des chiffres produits par Darmanin ne serait donc pas parvenue jusqu'au perron de l'Élysée ou au portail d'entrée de la place Vendôme ! Mais surtout, cette phrase lâchée par Macron démontre à l'envi qu'il ne connaît pas le pays profond. En météo comme en politique, il existe toujours pour les Français, un décalage entre le ressenti et la réalité scientifique. Le froid ressenti, en hiver, est souvent plus important pour les gens que le degré affiché par le thermomètre. En politique c'est la même chose. La politique doit prendre en compte autant, sinon plus, le ressenti du peuple plutôt que la réalité scientifique. Sans cette approche, le pouvoir exécutif ne doit pas s'étonner de ne pas anticiper les crispations populaires, par faute d'avoir su comment prendre le pouls émotionnel et psychologique du peuple ! « Ce que notre nation vit, c'est un sentiment d'insécurité »... Un sentiment d'insécurité ? On ne tergiverse pas avec le sujet explosif des enjeux régaliens dans un pays sous tensions comme le nôtre. Un président ne devrait pas dire ça ! Connaître le pays profond ? Macron, dans son escapade de trois jours à Marseille, au début septembre, n'aura juste donné l'impression qu'il n'en finissait plus de lancer sa campagne électorale.

Sur la question du respect des Forces de l'Ordre, la classe politique se fissure. La gauche, qui traditionnellement ne fait pas les yeux doux aux policiers en action, change son prisme et modifie son attitude. Le candidat de ce qu'il reste du Parti Communiste Français multiplie les propositions sur la sécurité. Pour Fabien Roussel il s'agit même d'« une question populaire ». Le PCF, historiquement positionné contre l'ordre bourgeois et les portes-matraques du système établi, apporte son soutien aux policiers. Une position d'autant plus inattendue pour l'ex-parti de la classe ouvrière que le mouvement des Gilets jaunes, mouvement révolutionnaire s'il en est, a été réprimé fortement par la police de Castaner sur ordre de Macron.

Fabien Roussel, candidat communiste à l'élection présidentielle, se démarque totalement de La France insoumise et de son chef Maximilien Mélenchon. Pour lui, la répression policière doit être combattue. Il faut même désarmer la police de la République, seule voie apparemment pour notre « leader Maximo » français afin que les Forces de l'Ordre recouvrent un minimum de crédibilité et de respect dans la population. Pauvre

Mélenchon qui pour seule réponse à l'explosion de la violence en France propose de désarmer une police déjà désœuvrée et psychologiquement atteinte ! Pauvre Mélenchon qui fait un mauvais voyage politique et abandonne par à-coups (de menton) les rives de la République pour se noyer dans le flux islamo-gauchiste et racialiste ! Pendant qu'il ne cesse d'incriminer les Forces de l'Ordre par des tweets communautarisés et le plus souvent anti-flics, son ex (futur) allier communiste avance la carte de la répression pénale sans retenue pour protéger une police que Mélenchon ne cesse de stigmatiser en exonérant le fauteur de troubles et en pointant par omission la responsabilité de la victime ! Fabien Roussel se dit favorable à une « peine de trente ans de prison » en cas d'assassinat de « tout détenteur d'une autorité » ! Une remarque Maximilien Mélenchon ? Silence radio. Votre allier politique serait-il devenu un dangereux tenant d'un sécuritarisme populiste à souhait ?

Le Parti Socialiste consacre, lui aussi, sa révolution de palais après avoir quitté celui de Solférino. Le PS, souverain dans le confort de sa traditionnelle pensée installée depuis Mitterrand, n'a jamais caché que son cœur battait fort pour la culture et l'accueil des autres au nom d'une justice universaliste humanitaire, laissant à la droite le monopole des questions sécuritaires. Bien grand mal lui en a pris ! La question de la sécurité, donc de ceux qui assurent le maintien de cette sécurité, arrive en tête des préoccupations des Français, juste devant la question de l'immigration et ensuite celle du chômage. Mitterrand est enterré à Jarnac et sans doute, avec lui, l'utopie d'une gauche unie autour d'un programme commun et républicain. Ainsi, l'actuel, inoffensif et transparent Premier secrétaire du PS, Olivier Faure, franchit-il le Rubicon d'une partie de la gauche en déclarant qu'il souhaite un

« droit de regard » des policiers sur les décisions de justice ! Faure pousse même le bouchon plus loin en estimant que la police doit pouvoir « suivre, continuer à donner son avis » sur les peines prononcées par les magistrats... Tollé à gauche ! Pourquoi pas fusionner les ministères de l'Intérieur et de la Justice pendant qu'il y est ce bon monsieur Faure ! Comment peut-on imaginer une cohabitation entre la matraque de la répression policière et la balance équilibrée de la Justice ?, s'insurgent certaines belles âmes évanescentes d'une gauche en mal de renaissance et de repères. Autant échanger les symboles héraldiques de la Justice et remplacer le glaive par un LBD ! La pensée de gauche porte des excès que la raison ignore !

Bref, les oreilles d'Olivier Faure sifflent. Quelques éléphants socialistes, dans leur réserve, ne se donnent même pas la peine de contester ses déclarations dont finalement peu de personnes auront fait cas. Même si elles marquent finalement l'entrée dans le réel du Parti socialiste face à la question sécuritaire. Cette gauche de gouvernement s'est fait violence politique parce que la violence a envahi jusques et y compris le quotidien des électeurs socialistes des beaux quartiers. La classe politique, presque unanime, comprend que sans restauration de l'autorité de ceux qui incarnent l'ordre et la sécurité, notre démocratie, – et donc son pouvoir consacré par l'élection –, n'existe plus. Sans ordre, sans respect des règles, sans prévention et répression, la démocratie sombre dans l'anarchie où le plus fort écrase forcément le plus faible ou le plus fragile.

Pourtant, la police n'est pas toujours exemplaire. Raison de plus pour la former, l'épauler, lui donner les moyens de ses missions. Sans elle, répétons-le, la démocratie n'en a plus pour longtemps. La « répression » du mouvement des Gilets jaunes laissera des traces. Certaines dérives isolées, également. Et puis quelques images questionnent sur les ordres reçus, sur leur exécution, sur le pourquoi d'actions policières inutiles et incriminantes.

À Redon, le samedi 19 juin, une fête interdite se tient près de l'hippodrome. Des « teuffeurs », sans doute pas loin de 2 000 personnes, sont venues, rassemblés grâce aux réseaux sociaux, écouter de la musique électro et parfois trafiquer des produits, eux-aussi, illégaux. D'autres sont venues avec des boules de pétanques et même des cocktails Molotov. La fête n'est pas autorisée. Les risques pandémiques sont toujours bien réels. Les Forces de l'Ordre reçoivent les instructions d'évacuer le lieu. Va s'ensuivre « un niveau de violence jamais vu », dit le préfet de Bretagne. Des affrontements se déroulent pendant près de 7 heures. Cinq gendarmes sont blessés. Un jeune a la main arrachée...

Les forces de sécurité finissent par reprendre le contrôle de la situation et pénètrent sous les barnums et les tentes où était installé et entreposé le matériel sonore de cette « rave party ».

Que la fête soit illégale, soit. Mais a-t-on déjà vu des représentants de la loi se comporter ainsi ? Ils défoncent à coup de masse du matériel de sono... Pourquoi ? Ulcérées par le comportement de la foule et les agressions dont elles ont été victimes, les Forces de l'Ordre ne se contrôleraient plus ? Mais que devient ce pays ? Une bataille de rue ? Ou bien alors, un supérieur dans un camion à proximité du terrain d'opérations a-t-il intimé l'ordre de tout détruire dans l'illégalité, d'ailleurs, la plus totale ? Sommes-nous, dans ces moments paroxysmiques, encore dans un état de droit ? Évidemment, ce genre d'épisode discrédite des Forces de l'Ordre souvent à bout.

Une tragique spirale se construit sous nos yeux depuis des années : nos forces de sécurité, parfois en plein doute, et utilisées contre le peuple, alimentent en retour une défiance et une violence contre elles. Le pouvoir est responsable. Cette doctrine policière à géométrie variable fractionne la police et pousse une partie des Français contre ceux qui sont essentiels à notre protection. Quelques dérapages inadmissibles, comme ceux de Redon, achèvent de susciter du ressentiment voire de la haine contre ces polices. Les auteurs de ces dérapages sont avant tout des individus mais parce qu'ils portent l'uniforme, c'est une institution qui est montrée du doigt et stigmatisée.

Et puis, parfois, une décision politique contestable vient jeter un peu plus la confusion pour ne pas dire le doute sur le pouvoir politique et sa police. C'est d'autant plus tentant lorsque cette décision émane du ministre de l'Intérieur lui-même. Un arrêté a été signé de la main de Gérald Darmanin, le 15 juin dernier. Il promeut Laurent Simonin au grade de commissaire général, le plus haut du corps des commissaires. Monsieur Simonin, ancien chef d'état-major de la direction de l'ordre public et de la circulation (DOPC) à la préfecture de police, est pourtant mis en examen depuis juillet 2018 dans la procédure « Benalla » pour « violation du secret professionnel » et « détournement d'images issues d'un système de vidéoprotection ». Un « mis en examen », certes présumé innocent, promu au plus haut grade des commissaires ? Et vous voudriez que le « bon peuple » se sente rassuré par les liens opaques entre le pouvoir politique et sa police ?

La France prend-elle peur ? L'interrogation n'est pas nouvelle. En 1977, le journaliste Roger Gicquel, star du Vingt heures de TF1, publie aux éditions France-Empire,

La Violence et la peur. C'est l'assassinat d'un enfant qui déclenche ce choc dans la population française. Gicquel ouvrira son journal télévisé avec cette interrogation. Aujourd'hui, avec la multiplication des agressions, des meurtres, des faits divers, qu'aurait dit Gicquel ? La France est terrorisée ?

L'année 1977 est également marquée par le rapport Peyrefitte qui diagnostique une « montée de la violence », notamment dans certaines banlieues. Quarante-quatre ans de politiques de la ville en investissements pléthoriques plus tard, l'intégration des quartiers demeure largement un échec. La violence des rues se nourrit aujourd'hui d'une contestation en règle de ce que représente la France : la laïcité, la République, son histoire aussi. Le terrorisme islamiste et la crise sanitaire bloquent le pays dans ce creuset de plus en plus profond de la peur.

« Cette peur, on doit lui apporter une réponse », dit Macron en évoquant le renforcement des moyens de la police et de la justice. « Mais on doit aussi apporter une réponse en termes de valeur, de civilisation et de culture que nous portons », précise-t-il. Mais cette déclaration de Martel fait écho à d'autres propos où le chef de l'État exprime... rigoureusement l'inverse. Et notamment lorsqu'il affirme vouloir « déconstruire l'histoire » ou qu'il n'y a pas de « culture française »... Dans un entretien à une chaîne de télévision américaine, Macron en abordant « la question raciale », affirme dans une envolée frénétique dont il possède le secret, qu'il faut « d'une certaine manière déconstruire notre propre histoire ». On est bien loin de la pensée de son mentor, le philosophe Paul Ricœur, dont il aime tant à se réclamer et à vanter les mérites ! Mais, peu importe. Macron n'est pas à une contradiction près. La question raciale en France ?

Demi-tour complet de la pensée macronienne quelques mois après : « Je vois la société se racialiser progressivement », déclare, inquiet, le même Emmanuel Macron dans une interview au magazine *Elle*. Il touche du doigt une réalité palpable : la logique intersectionnelle est sur le point de tout fracturer dans notre pays. Ce multiculturalisme anglosaxon essentialise l'individu et le victimise. Cette culture du « wokisme » importée des États-Unis renvoie en réalité chacun à son identité. L'individu n'est plus un citoyen membre d'une nation, il appartient d'abord, voire exclusivement, à sa communauté. Les bases de la République française intègrent au contraire l'individu pour en faire un citoyen. Ce sont nos valeurs fondatrices. L'addition de communautés disparates ne peut pas constituer une nation. Cette addition, si elle se produisait, fracturerait au contraire définitivement la nation française. Notre Nation est bien plus grande que la somme de ses communautés. Ne pas défendre avec autorité ces valeurs fondatrices n'est rien moins qu'accepter la disparition de l'unité républicaine et donc la disparition de la France.

Comment y faire face sinon en capitalisant sur les piliers de notre culture et de notre identité nationale ? Mais, Macron en février 2017 avait glissé cette petite phrase qui sonne aujourd'hui comme un apophtegme au panthéon craquelé de la Macronie : « il n'y a pas une culture française, il y a une culture en France et elle est diverse ». Sans culture française assumée, Monsieur le Président, comment résister au « wokisme » ou à la *cancel culture* ? En affirmant que la « culture en France est diverse » comment, Monsieur le Président, pouvez-vous craindre alors que la « racialisation » soit en marche dans la société française et vous en inquiéter alors que le « wokisme » participe justement à rabaisser la culture française au rang de « coupable » devant l'Histoire ? Une culture peut recevoir des ajouts extérieurs. Mais la dilution poussée d'une culture d'origine participe à saper les piliers multiséculaires de la nation qu'ils portent tout entière.

Macron, pendant tout le printemps 2021, entre deux poussées d'un nouveau variant pandémique, s'est offert un second Tour de France après celui qui suivit le mouvement des Gilets jaunes. Il pourra s'en doute ainsi parfaire son imprégnation des territoires et de leurs cultures, diverses mais ancestrales, dont il va finir par connaître tous les recoins ! Il va peut-être connaître la France des terroirs et des territoires, mais connaîtra-t-il un jour les Français ? Une plaisanterie circule sur Macron : il connaît toutes les sortes de pommes, tous les calibrages, toutes les appellations, toutes les règlementations... mais ne sait pas quel goût ça a !

Chaque territoire français possède sa propre histoire et parfois sa propre langue. C'est dans ce creuset multiple que notre histoire commune s'est construite. Valoriser ces histoires régionales, c'est reconnaitre les Français dans leur diversité.

Pour combattre la « peur des Français » il faudrait donc, déclare Emmanuel Macron « apporter une réponse en termes de valeur, de civilisation et de culture que nous portons »...

Ces propos présidentiels à Martel constituent un revirement politique d'importance. Ou alors, ne sont-ils que l'illustration d'une nouvelle pernicieuse et perverse déclinaison du « en même temps » ! Martel, village du Lot, c'est précisément la localité où le héros du roman de Houellebecq s'est réfugié pour fuir la guerre civile à Paris.

Inquiétant car à la fin de *Soumission*, l'un de ses livres-phare, le personnage central de la fiction polémique collabore avec le parti musulman qui a remporté les élections et veut instaurer la charia. Houellebecq écrivait alors qu'en 2022, « François Hollande arrive à la fin de son second mandat, et au premier tour de l'élection présidentielle s'affronteront le Front national et la Fraternité musulmane… »

Le pire n'est jamais certain. Le roman est rarement un acte de prémonition. Il n'empêche qu'il faut affirmer haut et fort l'intangibilité de nos valeurs, de notre histoire commune et fondatrice. Il faut refuser au « wokisme » de pénétrer le moindre petit interstice dans la société française. Il semble que ce chantier d'autorité sera l'un des plus importants du nouvel élu en 2022. Refuser la dilution de notre passé et ne rien céder de la laïcité française constitue un autre chantier d'autorité du prochain locataire de l'Élysée. La laïcité française est une exception en Europe, et sans doute dans le monde. Voilà pourquoi elle est souvent montrée du doigt et stigmatisée par les adeptes du mondialisme culturel et religieux. Mais elle constitue la colonne vertébrale de la République. Nous avons déjà suffisamment transigé dans un passé récent. Il faut déclarer au plus haut sommet de l'État que la laïcité est une et indivisible.

La laïcité, dernier rempart de la République

Dans la capitale des Gaules, à bas bruit, le séparatisme est en marche. Le gouvernement, lui, à grands bruits médiatiques, roulait des mécaniques, il y a quelques mois, en jurant que le séparatisme serait combattu par une nouvelle loi de la République, aussi marquante que le fut celle du 9 décembre 1905, institutionnalisant la séparation de l'État et des églises. Que nenni ! De nouveau texte législatif contre la « montagne du séparatisme » qui se dresse devant la société française, l'Assemblée nationale accoucha d'une petite souris baptisée loi « confortant le respect des principes de la République » ! Il ne s'agit plus de « conforter » mais de « défendre » À ce stade, il ne s'agit plus de « principes », mais de « valeurs ». Quel pitoyable spectacle législatif auquel nous avons assisté. Il paraît qu'à mal nommer les choses, on ajoute au malheur du monde.

La loi de 1905 assure la liberté de conscience et interdit le financement des cultes par l'État. Elle garantit le libre exercice des cultes sous les seules restrictions édictées dans l'intérêt de l'ordre public.

Cette belle loi ne pouvait évidemment anticiper la guerre d'Algérie, l'indépendance ou le regroupement familial des années 60 et 70. La loi de 1905 ne pouvait pas plus imaginer la montée d'un islamisme politique porteur de terrorisme sanglant mais aussi d'intrusions dans la sphère publique par le biais de financements d'états étrangers de mosquées françaises. Pas d'avantage, les articles de cette loi ne répondent à la déchristianisation de la société française et à l'inexorable montée d'un multiculturalisme religieux dont la vocation sera d'autant plus identitaire et fondamentaliste que la République n'aura pas imposé de nouvelles règles par le truchement d'une nouvelle loi des cultes et des religions. L'autorité politique doit y pourvoir. On ne peut laisser la situation cultuelle se dégrader en prenant le risque majeur de déstabiliser totalement la société française. Il faut du courage et de la volonté politiques.

Le 1er article de cette nouvelle loi fondamentale devrait réaffirmer que toutes les lois de la République Française sont au-dessus de n'importe laquelle des lois religieuses. Les 613 lois de la Torah n'ont jamais rien imposé aux lois de la République, suivant le principe que « la loi du pays est la loi » pour les communautés juives. De la même manière, la Charia, loi islamique codifiant les droits et les devoirs des Musulmans, ne sera jamais au-dessus des lois républicaines. Cette position n'est, par construction, pas le moins du monde islamophobe. Elle est, au contraire, en totale cohérence avec la laïcité établie solidement depuis l'abolition de l'Ancien régime en 1789. La Révolution française s'est accompagnée de la fin des privilèges ecclésiastiques. Elle a, parmi ses points positifs, affirmé les principes universels, dont « la liberté de conscience, et la limitation des libertés religieuses exprimée par la Déclaration des Droits de l'Homme ». Quelles que soient les religions. C'est claire, précis et simplement exprimé ! Ces principes issus d'une histoire française révolutionnaire de tradition judéo-chrétienne sont intangibles et irréfutables parce qu'ils constituent les piliers de la société française.

L'affaire s'est déroulée en juin. Les media mainstream n'en ont pas parlé ou si peu. Une expédition punitive contre une lycéenne musulmane a eu lieu. Son tort et sa faute ? La jeune femme est en couple avec un non musulman. La laïcité est piétinée sans aucun scrupule sous l'œil pétillant de l'islam politique. Les islamistes à Lyon, comme ailleurs, veulent imposer aux jeunes filles de la communauté musulmane une assignation à résidence religieuse en écrabouillant au passage leur liberté individuelle. Le port du voile est le plus souvent, non seulement, le signe de l'asservissement de la femme, mais également le signe de la provocation que l'islam politique inflige à la face de notre République laïque. Sous le joug de ce double camouflet, la laïcité tombe au sol.

Devant ces faits, à Lyon comme ailleurs, la République se tait et se terre régulièrement. La liberté institutionnalisée au fronton de la République n'est pas compatible avec ce type de comportement. Un point c'est tout.

Poser la question du voile, du burkini, de la burka, du hijab en réfutant son port dans l'espace public serait passible du crime d'islamophobie. Absolument pas. Se poser la question et prendre les mesures nécessaires constituent le moyen le plus sûr de protéger notre bien commun, la laïcité.

Les plus optimistes affirmeront que « l'affaire de Lyon » demeure isolée. Les plus lucides répondront que pour qu'elle le demeure, il ne faut rien laisser passer en condamnant y compris par la loi. Les voix de droite qui se lèvent contre ces dérives inacceptables sont taxées de fascisme ou sont étouffées au prétexte qu'elles distilleraient la haine. Depuis des lustres, nombre de media s'exonèrent du traitement de ces informations, s'arrogeant le droit apparenté à une forme de censure de trier le bon grain de l'ivraie informationnelle. Le peuple ne doit pas tout savoir ou alors doit-il apprendre l'information au travers du prisme déformant d'une idéologie politique et culturelle précise qui prône le multiculturalisme mondialisé À gauche, des voix se lèvent pourtant, instillant un début de panique intellectuel dans les media, si prompts « à dézoomer » l'information. Dans une tribune datée du 6 juin et publiée par le quotidien de gauche *Le Monde*, Arnaud Montebourg écrit : « Tous ceux-là veulent enfin que l'État les débarrasse de l'islamisme politique qui cherche à pervertir ou détruire les règles de la République délibérées en commun, quand quelques dirigeants s'aveuglent encore sur la dangerosité de cet autre fascisme, l'autre versant de la peste brune ». Qu'un ancien ministre socialiste écrive avec force ces lignes constitue un sujet de réflexion et de débats. Que ce même texte fût rédigé par un leader conservateur et immédiatement le remugle médiatique ce serait mis en branle pour dénoncer la dérive fasciste du tribunicien malfaisant. Osons avec autorité défendre des points de vue qui alimentent le débat face à tous les tenants du « prêt-à-penser » !

L'islamo-gauchisme prône le multicultualisme en France sur le mode canadien ou britannique. Grand mal lui en fasse ! Il espère ainsi ramener aux urnes ces Musulmans auxquels la République ne parle plus et qui se laissent tenter par l'islamisme. Ce calcul politique constitue pourtant une erreur fondamentale et un contresens mortifère pour les valeurs françaises et son Histoire. La république française laïque est basée sur l'intégration ! Notre laïcité n'a jamais été fondée sur une dilution de notre culture. La laïcité française représente un équilibre entre religions, État et droit d'être athée.

L'échec de l'intégration à la française signifie-t-il que cette gauche radicalisée abandonne l'idéal républicain pour le multiculturalisme qui foule au pied l'universalisme des Lumières, fondement du corpus idéologique de la République ? Le constat de l'évolution de ce multicultualisme est juste affligeant. Il ne donne aucunement envie de suivre cette voie. Car cette porte ouverte aux religieux n'aboutit pas dans ces pays à une mixité culturelle et religieuse épanouie... Il structure, bien au contraire, un empilement de communautés minoritaires identitaires qui se construisent à la marge du socle sociétal et national. D'autant que ceux qui en jouent, disons l'islam politique, se feront fort de tout annuler dès qu'ils seront majoritaires, et ses « affiliés » seront comme les autres réduits à l'état infâme de dhimmi. Ce statut d'assujetti pour les non musulmans dont l'état passe sous gouvernance musulmane.

Est-ce cela dont nous voulons ?

Plutôt que d'opter pour une mixité culturelle poussée de manière caricaturale sur le mode anglo-saxon, pourquoi ne jouons-nous pas nos propres cartes, disponibles depuis l'ordonnance du 9 mars 1831 par Louis-Philippe à la demande du maréchal de Soult ? Ce jour-là, la Légion étrangère est créée. Cette troupe d'élite, vénérée par les Français au moment du défilé du 14-Juillet sur les Champs-Élysées, regroupe plus d'une cinquantaine de nationalités différentes. Ce « multiculturalisme militaire », sur la base du volontariat il est vrai, forge un exemple de culture sur le mode français. Dans ce creuset, les communautés y sont dissoutes au profit de la communauté nationale. La devise des « képis blancs », « Legio Patria Nostra » (la légion est notre patrie), incarne le stade ultime de l'intégration choisie et réussie sous le joug de l'autorité. Personne ne peut raisonnablement imaginer translater à la vie civile cet exemple poussé mise en place par l'armée de terre. Mais il montre que la République française a toujours fonctionné sur le mode de l'intégration. L'intégration par assimilation. Elle aurait échoué. L'intégration serait même un concept dépassé à l'heure où sonne, au « clocher du wokisme », la repentance des Histoires nationales. Est-ce une raison suffisante pour y renoncer au profit d'une addition de communautés qui va fragiliser encore davantage l'édifice républicain ?

La question est centrale. Le moment, lui, est historique. En effet, plus que jamais, la société française se retrouve prise en tenailles entre le fédéralisme européen et l'unilatéralisme américain de la *cancel culture* porté par ses universités. D'un côté Bruxelles qui veut régir jusqu'au temps de travail de nos militaires, achevant un peu plus notre souveraineté nationale, de l'autre Washington, New York et ses intellectuels qui veulent passer à la « toile émeri » notre passé au profit d'une histoire standardisée et agenouillée. Expurgé des « erreurs impardonnables » de notre Histoire, l'avenir commun deviendrait un assemblage de communautés hétéroclites dont les seuls points d'intersection serait l'utilisation des GAFA et le développement du digital mondialisé. Derrière la « philosophie wokiste » se profile en filigrane, le triomphe du business américain et de la standardisation des esprits grâce aux réseaux sociaux digitalisés, chiens de garde de la nouvelle bien-pensance mondiale.

Dans tout cela, il n'y a pas l'ébauche d'un projet de société commune et rassembleuse. Il y a bien au contraire l'évaporation accélérée de la République, aux quatre coins du monde, façon puzzle.

Capitalisons, au contraire, sur nos atouts historiques. Hissons le pavillon de nos héritages culturels nationaux. L'Europe de Bruxelles ou l'Amérique de Washington ne le fera pas pour nous.

La laïcité française constitue, comprenons le bien, un filtre républicain pour tous, qui évite à chacun d'entre nous d'être regardé au travers de ses différences. C'est la réponse sociétale française la plus ancienne et la plus solide à la *cancel culture*. Préférons la solidité de l'histoire aux vents tourbillonnants des idéologies éphémères en vogue. La laïcité française, si nous en prenons soin, respecte nos différences religieuses pour continuer à nous offrir le même moule égalitaire et républicain. Et certains voudraient détruire ou faire voler en éclats l'un des derniers repères solides qu'il nous reste ! Inacceptable. Et suicidaire.

Le souci, c'est qu'il nous faut revenir aux sources de notre laïcité. Parce que comme le dit judicieusement Jean-François Colisimo, « hier garante de l'impunité de l'incroyance, la laïcité est censée aujourd'hui garantir l'immunité des croyances ». Oui, à propos de laïcité, « ne confondons pas ce qui doit être de ce qui est », renchérit Régis Debray dans cet opuscule magistral *République ou barbarie*. La laïcité ne doit pas être une collection de religions à égalité au sein d'une République fragilisée. Il est nécessaire qu'elle revienne à une neutralité judéo-chrétienne.

Le 29 mai dernier, en plein Paris, des catholiques en procession sont attaqués par des militants de la gauche extrême. Le tort et la faute de ses croyants fervents ? La célébration de prêtres assassinés pendant la Commune de Paris, il y a 150 ans. Des marches « pro islam » peuvent se dérouler tranquillement en France, comme celle du 10 novembre 2019 à Paris, mais les marches catholiques peuvent y être agressées ? Au nom de la lutte contre l'islamophobie, des militants peuvent arborer « l'étoile jaune » du peuple juif déporté, sans que cela ne choque les media bien-pensants qui couvraient cette manifestation de novembre 2019. Mais que sommes-nous devenus ? « La liberté de culte doit pouvoir s'exercer en toute sérénité dans notre pays. Pensées pour les catholiques de France » a tweeté le lendemain en catimini, presqu'en s'excusant, le Ministre de l'Intérieur et des cultes, Gérald Darmanin. Partout la laïcité recule, mètre après mètre. C'est la République, par capillarité, qui fond comme un sucre gonflé, petit à petit, par l'eau pernicieuse s'infiltrant partout.

Par petites touches, la laïcité est menacée et fragilisée.

Revenons sur l'épisode des mariages au sein des mairies à l'effigie de notre Marianne républicaine car il constitue un parfait exemple de ces atteintes religieuse et culturelle au socle laïc français. Lors d'une séance à l'Assemblée nationale, la députée Les Républicains du Doubs, Annie Genevard, a défendu un amendement visant à interdire les drapeaux étrangers lors des mariages, critiquant aussi les danses traditionnelles lors des cérémonies civiles. Nicolas Cadène, ancien rapporteur général de l'Observatoire de la laïcité, s'inquiète d'une telle prise de position ! Comment peut-on défendre la neutralité de la laïcité républicaine et tolérer qu'au cœur même du symbole de ce que la France possède de plus républicain – le bâtiment municipal frappé de la devise « Liberté, Egalité, Fraternité » –, des danses religieuses et des drapeaux étrangers « blasphèment » la République ?

Gilles Platret, maire de Chalon-sur-Saône et valeur montante de la droite républicaine, n'hésite pas à pointer du doigt certains « mariages magrébins » qui, plus qu'à leur tour, ne respecteraient peu ou pas les règles républicaines. C'est le constat que fait cet élu. On l'accuse de stigmatiser une communauté. Peut-il être entendu sans être taxé d'islamophobie à la sauce gauchisante des media mainstream ? Je veux le croire. D'ailleurs, face à des débordements réitérés le samedi 12 juillet, il a décidé de durcir la charte des mariages de sa ville. « Les traditions culturelles ne seront jamais à mes yeux une excuse pour bafouer les lois de la République », tweete ce jour-là Gilles Platret passablement énervé. Quels que soient le drapeau, le folklore, la musique, ils n'ont pas leur place dans le sanctuaire républicain que représente l'enceinte d'une mairie. Être conservateur, c'est finalement vouloir conserver un patrimoine historique et sociétal pour le transmettre.

Dans le cas de figure, transmettre les valeurs de la laïcité, ce n'est rien d'autre que préserver le « patrimoine essentiel » de la République française. Ceux qui ne veulent pas l'admettre sont ou bien aveugles aux changements mortifères qui nous guettent collectivement, ou bien complices du courant souterrain qui ravine les fondements républicains. Le terrorisme islamique ne s'attaque pas régulièrement à la France par hasard. Les troupes françaises luttent en Afrique – même après l'arrêt annoncé de l'opération Barkhane, décidée présomptueusement par Macron – contre l'islamisation de pays entiers. Ces interventions militaires françaises n'expliquent pas cet acharnement sanglant contre notre nation. En réalité, l'exception laïque française est un obstacle majeur pour l'islamisme politique et terroriste. Voilà pourquoi s'attaquer à la France c'est affirmer vouloir réduire cette muraille de la laïcité. Jean-François Colisimo le résume brillamment ainsi : « L'exception française qu'illustre le fait laïc exacerbe la singularité de la France dans ses frontières, la solitude de la France hors ses frontières ». Nos partenaires nous regardent au mieux en baissant les yeux, au pire en nous lançant un sourire crispé du bout des lèvres. La France est seule, drapée dans la dignité de sa laïcité historique. Et pourtant dans cet interminable et sanglant spectacle dramatique des attentats terroristes perpétrés sur notre sol, il n'est pas irresponsable d'affirmer qu'une lutte à bas bruit est enclenchée. Or, écrit avec lucidité et conviction Didier Leschi, « c'est précisément la fonction de la laïcité que d'empêcher ce désastre qui a la destruction de la République comme finalité ».

Comment ne pas rapprocher cette constante attaque contre la laïcité française et la naissance de la *cancel culture* et du « wokisme » aux États-Unis ? Avec un cynisme politique assumé, le *New-York Times* n'hésite pas à frapper fort. Pour ce journal, nous portons, nous autres Français, notre culture et nos traditions judéo-chrétiennes de manière presque honteuses ! Ce journal incarnant les déviances gauchistes, en plein dérapage incontrôlé dans le camp Démocrate, s'interroge le 9 février 2021 : « Les idées américaines menacent-elles la cohésion française ? ». Ce n'est en réalité pas une question mais une affirmation jouissive de la part de l'un des porte-étendards de la liberté de la presse américaine. La *cancel culture* américaine, se lance à l'assaut de la « cohésion française » ou de ce qu'il en reste. Mondialiser la France dans un multiculturalisme standardisé à l'ensemble de la planète entière passe aussi par cette action intellectuelle et philosophique, véritable tsunami idéologique venu d'outre-Atlantique.

Il y a l'attachement intransigeant à la laïcité que nous ne devons jamais cesser de célébrer et de défendre. Mais cette « divinisation de la République », pour reprendre la belle formule de l'écrivain Jean-Marie Rouart, ne suffit plus à combattre les ennemis de la laïcité et les chantres du séparatisme.

L'Amérique triomphante, assise sur le promontoire abusif de plus grande démocratie du monde, ne manque jamais une occasion de donner des leçons à la terre entière. En matière économique, la puissance mondiale impose la libre-concurrence pour les autres, mais est farouchement protectionniste à l'intérieur de ses propres frontières. En matière de régime politique, au nom de la « démocratie », Washington envoie ses boys pour imposer les canons de ses valeurs à l'autre bout de la planète. Sa notion de « nations liberticides » est à géométrie variable et d'une hypocrisie toute américaine. N'oublions pas que dans le « classement des nations liberticides » que chaque année publie le Congrès des États-Unis, la France figure à peu près au même niveau que la Corée du Nord ou d'autres dictatures, du fait seul de sa singularité laïque. D'ailleurs, pour les mêmes raisons, la Ligue islamiste mondiale affiche la même idée et le même jugement sur la France. Il est étonnant de voir les États-Unis et la Ligue islamiste marcher main dans la main sur ce chapitre. D'autant que le traitement réservé aux musulmans depuis les attentats du 11-Septembre a beaucoup changé au pays de l'oncle Sam. Washington se méfie dorénavant de l'extrémisme islamiste, et le traite comme tel. « Ce traitement d'exception, plaçant les mosquées sous état de siège et n'éludant pas la possibilité de camps d'internement regroupant l'ensemble des musulmans vivant ou résidant sur le territoire, a été plébiscité », écrit Jean-François Colosimo. N'oublions pas que six Américains sur dix jugent l'islam totalement inassimilable à leur culture ou à leur religion. Une prise de position nette et claire du peuple américain qui ne soulève pourtant aucune accusation d'islamophobie de la part de la Ligue islamiste mondiale. Suivant que vous serez puissant et riche ! Les États-Unis inspirent plus le respect de la puissance que la France et depuis toujours. Washington aurait donc le droit sans récriminations internationales de se méfier de l'islam, mais la France serait coupable de défendre sa laïcité.

Les tenants américains de la *cancel culture*, leaders d'opinion aux abus exubérants et dangereux, iront-ils jusqu'à rappeler que le premier esclavagisme historique et qui a le plus perduré est celui que l'islam a mis en place dès le VIIe siècle ? Ses pratiques étaient ouvertement génocidaires puisqu'il émasculait les esclaves noirs pour éviter leur propre reproduction. Cette monstruosité historique aura-t-elle sa place dans le nouveau bréviaire de la *cancel culture* ? Ou bien continueront-ils à s'acharner avec mauvaise foi et haine sur la France, l'Europe et l'Amérique blanche, son histoire, et ses conquêtes en oubliant volontairement tout le reste ? Ne nous exonérons de rien. Mais refusons le nouveau totalitarisme racialisé du wokisme. Le combat intellectuel contre l'américanisation de l'Histoire, de la religion, du fait cultuel et culturel est engagé avec violence. Chaque avatar anglo-saxon du « wokisme », de « l'intersectionnalité », de « l'essentialisme », de la « racialisation » doit trouver la laïcité et la République française sur son chemin. Cette singularité dans un vaste ensemble francophone nous donne l'occasion de reconstruire notre puissance et celle de la langue française sur une base civilisationnelle solide en ce début du XXIe siècle. Ne loupons pas ce coche. La France doit mener ce combat. Il trace la route de la reconstruction d'une autorité française dans le concert des Nations. L'Histoire ne s'est jamais arrêtée avec la fin du bipolarisme depuis la disparition de l'Union Soviétique. Les États-Unis avec la Chine, la Russie, l'Inde et l'Europe, ont donné naissance à un monde multipolaire plus dangereux car pluriel et donc plus imprévisible. En Europe, la France, puissance nucléaire, doit émerger avec ou sans l'aide de l'Europe fédérale, embourbée dans ses règlements et ses technostructures tentaculaires. Notre atout principal face à la *cancel culture* est constitué justement par notre histoire séculaire. Cette histoire française a largement façonné l'histoire du continent européen. Effacer ou diluer l'Histoire de la France dans le magma idéologique des gauches américaines et européennes qui dégainent le mot « progressisme » à la figure de ceux qui auraient l'outrecuidance et le malheur de s'y opposer, c'est renoncer et accepter la disparition de la nation française.

Le directeur de la publication de *Charlie Hebdo* se fend le 2 juin d'un édito dans lequel il écrit notamment : « On peut se demander si la séduction qu'exerce Marine Le Pen sur les jeunes, et même sur des électeurs de gauche, ne trouve pas son explication dans un rejet de cette injonction d'adhérer systématiquement aux idées dites “progressistes”, sans qu'aucun débat ni aucune critique ne soient possibles. La popularité grandissante de Marine Le Pen n'est pas due uniquement aux questions d'immigration et d'insécurité. Elle est aussi probablement alimentée par le ras-le-bol d'un progressisme primaire et simpliste qui n'a rien à voir avec le progrès, mais davantage avec le sectarisme. Le paradoxe est que le parti extrémiste de Marine Le Pen va se présenter en rempart contre un autre extrémisme qui, cette fois, ne vient pas de la droite, mais d'une gauche pseudo-progressiste. Cette gauche qui veut déconstruire l'Histoire est en train d'en construire une autre qui va peut-être porter au pouvoir un parti de droite radicale. À vouloir déboulonner les statues de Colbert et de Jean Ribault, les néoprogressistes de gauche dressent un piédestal à l'extrême droite, sans même s'en rendre compte. Un bilan catastrophique pour les apôtres de la déconstruction de l'Histoire, théorie qui pouvait jusqu'à présent apparaître seulement hasardeuse, mais qui demain risque de se révéler tragique. »

Depuis, les élections régionales sont passées par là. On verra si elles sont une répétition générale ou un incident de parcours électoral dû à la forte abstention pour la candidate-présidente du Rassemblement National. Le fond de l'édito de Riss sonne juste. Il interpelle. No pasaràn, *cancel culture* !

La *cancel culture* contre notre Histoire

L'effacement de notre culture et de ce qui fait les racines d'une nation souveraine est devenu un enjeu majeur des activistes de la gauche américaine. L'offensive est quasi-totale. Il ne s'agit plus seulement pour ces adeptes du nihilisme historique de déboulonner des statues, d'exiger de rebaptiser le nom des rues ou de changer les titres d'ouvrages mondialement connus. Il s'agit de traquer dans une sorte de « nouveau racisme » anti blanc tout ce qui pourrait d'une manière ou d'une autre porter la trace d'un quelconque « privilège blanc ». Rien n'y échappera. La nourriture elle-même ne saurait passer au travers des mailles du filet dérivant de la *cancel culture*. Ainsi, dans le cadre d'un séminaire organisé par Sciences Po Paris et l'université Paris-Nanterre, une enseignante-chercheuse a défendu le concept de « blanchité alimentaire » comme outil de « l'identité raciale dominante ». Vous ne rêvez pas. Il s'agit dorénavant de traquer la domination blanche jusques et y compris dans notre assiette. La gastronomie française, nouveau champ de bataille de la *cancel culture* qui pointe maintenant le caractère raciste des bons « petits plats » de nos grand-mères ! Il fallait y penser. Alors, certes, Sciences Po

Paris affirme ne promouvoir « aucune théorie ni école de pensée particulière ». Et, bien sûr, la sacro-sainte liberté d'expression pourrait presque venir au secours de cette chercheuse égarée. « Le repas français est souvent représenté comme un rituel national auquel tous les citoyens peuvent participer à égalité », indique sans plus d'ambages cette intellectuelle. C'est la suite qui fait froid dans le dos. Mathilde Cohen, chargée de recherche au CNRS mais également maître de conférences à l'université du Connecticut aux États-Unis, continue : « Les habitudes alimentaires sont façonnées par les normes des classes moyennes supérieures blanches. » Qu'appelle ce constat culinaire ? Que les habitudes alimentaires des « Blancs » doivent se raciser et laisser plus de place à une sorte « d'essentialisme alimentaire » noir, jaune ou rouge ? Comme si les cuisines du monde entier n'avaient pas eu, et depuis longtemps, voix au chapitre dans les pays à majorité blanche ! Quel cauchemar.

Ces ayatollahs culinaires de la *cancel culture* iront-ils un jour jusqu'à poursuivre nos chefs étoilés devant une Tribunal international pour promotion du racisme à l'échelle mondiale puisque la cuisine française est répandue partout dans le monde ? Ces activistes du racialisme culinaire pourraient même fracturer et repeindre aux couleurs de la honte les vitres des grands restaurants étoilés français. Quel absolu délire ! Quel pitoyable spectacle ! La *cancel culture* s'invite partout, viole tous les sanctuaires de la pensée sous les regards qui se détournent d'une partie de la jeunesse mondiale qui n'ose plus argumenter face à la montée de ce fascisme de l'esprit. Imaginez qu'aux États-Unis, des ornithologues souhaitent changer le nom de certaines espèces d'oiseaux en le rebaptisant sous des « noms plus inclusifs » ! Il faudrait leur trouver de nouvelles appellations parce que quelques-unes porteraient des références à des personnages liés à l'esclavage ou à la colonisation ! Le délire de l'effacement des cultures contamine tous les secteurs. On a depuis longtemps, en France par exemple, laissé la société dériver en abandonnant le récit du roman national. Aujourd'hui, il est presque devenu dérisoire, voire grotesque, de vouloir avec fierté rappeler nos grandes heures historiques. La nature de la pensée, comme d'autres natures, ayant horreur du vide, une construction intellectuelle est venue combler ce trou : la *cancel culture* se propose de normaliser la pensée en déconstruisant méthodiquement les histoires nationales au profit d'une histoire planétaire et mondialisée. L'oubli de son Histoire nationale et l'effacement de soi comme citoyen nécessite ardemment, pour s'implanter sans coup férir dans la réalité quotidienne, de déconstruire les valeurs et les repères de la République, au premier rang desquelles la laïcité constitue une cible de choix. Cet effacement implique de faire voler en éclats et de saper sans vergogne les repères qui relient le peuple à ses racines historiques. Devrons-nous jusqu'à oublier tous ces héros de guerre qui se sont battus pour nos libertés au prix de leur propres vie ? Mettons des dates, des noms, des visages sur tous ces héros. Le 6 octobre 1943 à Fresnes. Un ingénieur dit adieu à ses 3 enfants : « Je vous quitte bien jeunes, mais je vous laisse le meilleur devoir, celui d'être les dignes enfants d'un homme qui voulut lutter jusqu'au bout pour que vous soyez heureux ». Pierre Lamandé, fusillé à 34 ans. Il était blanc. Il est mort pour la France.

Que la *cancel culture* s'agenouille et rende hommage à ces héros du quotidien français qui ont fait honneur à notre histoire nationale.

Nous n'avons pas attendu la « vague cancel » pour honorer d'autres héros venus d'Afrique et qui n'avaient rien demandé. De la « mère patrie », ils ne connaissaient rien. Nous ne pourrons pas réécrire leur histoire sur une nouvelle page. Alors, nous leur devons, pour le moins, un travail de mémoire et de reconnaissance. Dans le petit cimetière de La Couarde-sur-Mer, la tombe commune de deux tirailleurs sénégalais, Noga Illibouda et Dri Sako, est fleurie chaque année par des associations d'anciens combattants. Le premier était né dans l'actuel Burkina Fasso, le second dans l'actuel Mali en 1897. Le naufrage de leur navire au large de l'Île d'Yeu, torpillé par un sous-marin allemand, amena leurs dépouilles sur des plages rhétaises.

Ce travail de mémoire n'a pas attendu les leçons agressives et brutales du mouvement intellectuel venus des États-Unis. Les exemples sont multiples sur le sol national. Combien d'enfants blancs, mineurs de fond à 13 ou 14 ans, on perdu la vie au XIXe siècle dans notre pays ? Rendons-leur hommage.

La culpabilisation du peuple français face à son Histoire a commencé, il y a déjà plusieurs décennies. Le mot « racisé » a été utilisé pour la première fois par la sociologue Colette Guillaumin en 1972, pour désigner le racisme comme construction sociale. Ce terme est totalement en contradiction avec l'universalisme français qui affirme libérer les individus de ses carcans identitaires. La *cancel culture* essentialise l'individu pour qu'il ne soit plus défini que par sa seule identité et son origine en le signalant comme victime devant laquelle il conviendrait de mettre genou à terre et de battre sa coulpe. « C'est la naissance d'un nouveau racisme », fustige Elisabeth Badinter. Mais parce que la *cancel culture* convoque la « racisation » des individus, elle est tout bonnement illégale en France puisque depuis 2018, le mot « race » a été exclu de la Constitution. Eh, bien non !

Nous laissons cette « mode » philosophique perverse et mondialisante envahir le débat public de ce côté-ci de l'Atlantique. Elle offre ainsi à une gauche française en mal de « classes sociales » qui lui ont largement tourné le dos, l'occasion de s'appuyer électoralement sur des « classes ethniques » au risque de faire exploser l'unité républicaine.

Il y a cette citation d'Alexandre Soljenitsyne qui va comme un gant à cette période chaotique que nous traversons poussés par une crise sanitaire sans fin : « Afin de détruire un peuple, il faut d'abord détruire ses racines ». Laisserons-nous faire ? Une partie des intellectuels semblent vouloir la liquidation de l'Occident au nom de la revanche des peuples opprimés. Mais « nous sommes nombreux à préférer les Lumières de la Raison aux ténèbres de la race », comme l'exprime Pascal Bruckner. La France, en réalité, a été, plus qu'à son tour, ciblée pour ses valeurs : la liberté de pensée, d'expression, son modernisme et sa tolérance, tout cela pose problème au monde musulman. Dès 1826, un envoyé de la mosquée du Caire Al-Azhar avait conclu, après avoir séjourné cinq années à Paris, que ce pays des Lumières, de toutes les lumières, méritait d'être éteint. Parce qu'à l'Islam du XIe siècle progressiste et éclairé avait succédé un Islam de l'ombre et bien plus sombre prônant un repli identitaire et une lutte contre le progressisme affiché par cet Occident qui voulait triompher avec son opulence, ses mœurs libres ou sa richesse culturelle vibrionnante. Pendant que, depuis l'Europe et la France, nous développions une vision de l'orientalisme romantique à la mode de l'époque, certains pays orientaux nous regardaient déjà du coin d'un œil noir : le triomphe des valeurs occidentales revenait, ni plus ni moins, à la condamnation de certains de ces régimes dont la privation d'expressions libres, de diversité culturelle et religieuse constituait les piliers de l'édifice. Laisser gambader à son aise cette France, avide de libertés et de lumières déployant comme un étendard les droits de l'Homme, revenait à condamner des régimes musulmans autoritaires. Et pour les imams les plus conservateurs, le risque était de voir le monde chrétien triompher du monde musulman.

Depuis le XIXe siècle, finalement, la France est le centre d'intérêt et la cible privilégiée de cet islamisme radical passé, au fil du temps, d'un « Califat de terrain » à un « Califat virtuel » grâce au développement de l'Internet et des réseaux sociaux. Pour livrer ces « Croisades modernes » les terroristes islamistes se sont accaparés de nouveaux outils de communication. Mais, les armes ancestrales sont finalement les mêmes pour faire couler le sang des « infidèles ».

Nous avons résisté et combattu pour défendre une civilisation judéo-chrétienne. Jamais nous n'admettrons que la *cancel culture* devienne la nouvelle toise d'une justice historique planétaire subjective qui mesurerait les hauteurs et les bassesses du passé au travers d'un tamis racialisé et communautarisé. On ne réécrira pas l'Histoire avec ses souffrances et ses moments de gloire. On ne pourra jamais exiger des générations futures qu'elles soient comptables des actes des générations précédentes. Cela n'a aucun sens. Sauf à vouloir promouvoir la haine et l'affrontement collectif.

Comment penser qu'un jour le maire d'une grande ville française puisse déclarer, à l'instar de la maire démocrate de Chicago, Lori Lightfoot : « Il est dommage que les journalistes qui assistent à mes points de presse soient majoritairement blancs ». Voilà pourquoi, l'édile a prévenu que dorénavant, elle accordera exclusivement « des interviews à des journalistes de couleur ».

Au rythme où se développe cette idéologie mortifère, il viendra un jour où ces « ayatollahs du progressisme » feront abattre l'olivier de Vouves en Crète. L'arbre aurait environ deux milles neuf cents ans. Il aurait vécu l'écriture de *L'Iliade*, l'âge d'or d'Athènes, mais aussi la montée inexorable de l'Empire romain et la naissance du Christ. Témoin de tant de traumatismes historiques et d'asservissement de peuples, il se trouvera bien un forcené du nihilisme pour réclamer, toutes affaires cessantes, que l'on tronçonne cette archive encore vivante du passé.

Les manifestations contre le racisme donnent naissance à un révisionnisme historique d'ampleur. On déboulonne des statues. Un ancien Premier ministre socialiste veut tirer un trait sur la présence de Colbert à l'Assemblée nationale, oubliant qu'à ce rythme il faudra débaptiser bientôt les places et les rues François Mitterrand, coupable à son époque d'avoir porté le casque colonial et fait guillotiner en 1956 comme Garde des Sceaux quarante-cinq membres du FLN algérien. Coupable aussi d'avoir porté la Francisque pétainiste au revers de sa veste. L'autodafé de certains livres d'Agatha Christie comme *Les Dix petits nègres* – rebaptisé *Ils étaient dix...* – est-il en préparation après l'interdiction de projeter dorénavant le chef-d'œuvre cinématographique *Autant en emporte le vent* ? L'uchronie n'existe que comme genre littéraire ou tout au plus comme exercice de style intellectuel. Si l'on peut recontextualiser l'Histoire, et l'analyser de différentes manières, on ne peut pas la réécrire. Comment juger et se souvenir de l'abjecte période des esclavagismes mis en place par des Blancs chrétiens et plus encore par des Musulmans en effaçant du patrimoine visuel tous ses symboles ? La République se désagrège sous les coups de boutoirs d'indigénistes dont le seul but semble être de prendre le pouvoir par la rue. La crise sociale montante et le manque d'autorité du pouvoir républicain effiloché depuis plusieurs décennies, où il a graduellement reculé par faiblesse, tracent une route dangereuse et tortueuse. Notre république laïque s'embourbe silencieusement dans des marécages stagnant loin de l'eau vive de la démocratie vivifiante. Le « wokisme » veut tout emporter sur son passage. Là, où Max Weber, économiste et sociologue, s'occupait de trouver les mécanismes de dominations qui régissent les relations des sociétés humaines, le « wokisme » dénonce, sous de pseudo arguments scientifiques, et exige de faire rendre gorge, au présent et dans l'avenir, à tous les groupes ayant dans un passé même lointain exercés des abominations sur d'autres groupes. Cette « loi du talion » préfigure un retour en arrière de la socialisation des sociétés humaines. Aucun projet de société ne peut évidemment s'échafauder sur ces bases de « chasses à l'homme » mémorielles permanentes. Ce phénomène prend une telle ampleur aux États-Unis qu'un terrorisme intellectuel s'y développe. Emettre une critique envers ce nouveau dogme, aux seins des campus américains, vous vaut, au minimum, humiliation et, au pire, l'expulsion de votre communauté scientifique ou même de votre groupe d'amis. Le cas de l'université américaine Evergreen à Washington, où le fanatisme progressiste en 2017 a submergé tout le campus, devrait en faire réfléchir plus d'un.

Ce « wokisme » des campus universitaires US repose sur l'obsession des minorités alors que la démocratie repose sur le fait majoritaire. Que deviendrait finalement la démocratie si les minorités l'emportaient sur la majorité ? La réponse est assez simple : nous basculerions dans la « dictature des minorités communautaires ». Cette philosophie victimaire est sans doute, en partie, l'héritage de Pierre Bourdieu ou de Michel Foucault. Alors que Joe Biden entrevoit la « wokisation » complète de la société américaine comme réponse pour une totale intégration des minorités américaines, la société française, vue son état, ne peut se permettre le luxe d'une telle aventure scabreuse. Essayer de faire plus de place à des minorités en reconnsaissant leur souffrance est une chose louable, mais prendre le risque d'affrontements ethniques de grande ampleur en est une autre.

La société française entrevoit une forme de séparatisme. Le côte à côte républicain se transforme invariablement, avec une lenteur de serpent prêt à distiller son poison mortel, en un face-à-face tout aussi funeste pour l'unité nationale. L'autorité dénoncée depuis Mai-1968 se meurt et, avec elle, le respect du vivre ensemble. La nouvelle « révolution » revigore à sa façon le slogan soixante-huitard du « il est interdit d'interdire ». Il n'y aurait plus d'interdictions à rayer de la carte des pans entiers de notre histoire commune avec ses parts d'ombre et de lumière : Christophe Colomb et Napoléon, coupables d'avoir incarné, aux yeux de certains, des parts nauséabondes de cette histoire, devraient disparaître totalement des musées et des livres d'Histoire. Alors que, par ailleurs, les abominations révolutionnaires de la guerre de Vendée n'y sont jamais vraiment entrées. Jusqu'à une statue du Général de Gaulle, en Seine-Saint-Denis, vandalisée avec la plaque commémorative de la bataille de Bir-Hakeim. Que sommes-nous en train de devenir ? L'élection présidentielle de 2022 doit, avec autorité, redonner toute son ampleur à notre Histoire. Il faut reconstruire cette histoire française, sans rien oublier. L'autorité politique du futur élu doit s'appuyer sur notre passé commun. Sans cet appui, le pouvoir manquera toujours de solidité et de crédibilité. Le patriotisme n'est pas un gros mot. Pour combien de nation constitue-t-il le ciment de l'unité nationale ?

Racialiser la cuisine, déboulonner des statues, rebaptiser des noms de rues, sortir des livres d'histoire des personnages, ce révisionnisme historique pourrait commencer là et ne jamais s'arrêter. Il nous conduirait alors tout droit à une nouvelle forme de totalitarisme au nom de la justice et de l'obligation de la repentance revendiquées par ces « nouveaux révolutionnaires ». La France de 2022 peut s'éviter de tomber du haut de cette falaise glissante. Mais il faudra de la volonté et du courage politique.

Pour éviter de devoir un jour constater que les rives de notre propre histoire française sont submergées par tous ces mots en « isme », dont le but ultime est d'asservir notre identité séculaire, nous n'avons qu'un seul et déterminé choix à opposer : placer en avant, comme garde-fou existentiel, les composantes de notre civilisation dont la laïcité constitue, à l'évidence, la pièce maitresse. Cette singularité nous offre un avantage comparatif exceptionnel sur d'autres nations européennes en voie de « wokisation » avancée. Cette laïcité française constitue une chance de se retrouver autour de cette matrice constitutive de la république, qui n'est en aucun cas dépassée. Elle est même bougrement d'actualité. En ces temps où le XXIe siècle s'affirme comme fortement religieux, empreint de spiritualité ou totalement mystique – que Malraux ait vu juste ou pas, que sa citation soit devenue un lieu commun ou pas –, les dangers sont bien réels. La laïcité restaurée constitue un bouclier républicain qui transcende tous les clivages politiques français. L'élu de 2022 devra réaffirmer cet ancrage laïque.

C'est parce que nous avons renoncé, parfois collectivement, à la mettre en scène et à la faire briller, qu'elle a finalement presque disparu des écrans radars de notre réalité politique. Certains, on même parfois ouvert la porte au torpillage de cette laïcité, garde-fou de l'unité républicaine : oui, le ministre de l'Éducation nationale en 1989, le socialiste Lionel Jospin, n'aurait pas dû tergiverser sur les voiles que portaient trois jeunes filles dans des écoles de Creil. La Gauche si bienveillante aurait évidemment dû comprendre qu'avec un pareil numéro d'équilibriste – pas de signes religieux ostentatoires à l'école mais pas d'exclusion de ces jeunes filles de l'enceinte scolaire –, elle fissurait gravement ce bien commun que constitue la laïcité.

Trente-deux ans plus tard, et totalement à rebours de « l'affaire des voiles » de Creil, Emmanuel Macron en pleine tournée électorale commet justement un « péché politique », une transgression qui rompt avec la neutralité d'un chef d'État sous la Vᵉ République. Il se rend à Lourdes ce vendredi après-midi du 16 juillet. Entre une étape du Tour de France, au pas de course, où la sueur et les soupçons de dopage font bruisser de rumeurs la caravane, les mains jointes devant les fidèles catholiques, il est devant la grotte où flotte des odeurs d'encens et où l'on partage le recueillement. Du guidon de La Petite Reine au crucifix de Marie de Lourdes, Macron, au sprint, enchaine les étapes de propagande électorale. Les pèlerins chantent devant lui, c'est presque comme si Macron ne demande pas un prêtre pour communier ou se confesser ! La messe est dite. Il vient en quelque sorte d'administrer à une laïcité déjà bien malade une sorte d'onction supplémentaire sous les caméras et les micros tendus des médias.

Lors de ce déplacement, officiellement bâtit par ses communicants sur le thème du tourisme, le chef de l'État visitera également le sanctuaire de la cité mariale, une première pour un président de la Ve République. Entre « Président catholique » et « Président cathodique », pas un observateur ne peut hésiter sur le sens de sa démarche. Un président républicain ne devrait pas faire ça ! Dans ce domaine, il n'est pas à son premier coup d'essai : comment dans une vidéo tournée à la va-vite depuis Marseille a-t-il pu rendre hommage en même temps le martyr Samuel Paty et à ses deux youtubeurs préférés ? Quelle choquant mélange pour un chef de l'État qui réclame respect pour sa personne et pour son statut. Mélanger les genres des pouvoirs séculier et spirituel à des fins électoralistes, dans un contexte où l'islam politique s'infiltre dans la société française, n'est rien d'autre qu'un risque politique de grande ampleur dont la France sortira affaiblie. Les critiques politiques n'ont pas tardé à pleuvoir sur Macron. Car cette date du 16 juillet c'est aussi précisément celle de la commémoration de la rafle du Vel d'Hiv à Paris, perpétrée par la police de Pétain. Un jour de recueillement et de mémoire pour les Juifs de France et du monde entier. En se rendant à Lourdes, un jour comme celui-ci, il démontre qu'il laisse tomber la « neutralité laïcarde » du chef de l'État pour un parti pris religieux, certes provisoire, mais marquant les esprits. On pourra objecter que la France est la « fille ainée de l'Église » catholique depuis le baptême de Clovis. Et que notre tradition religieuse est multiséculaire. Macron a peut-être engrangé des voix pour 2022, mais il a commis une erreur contre la république laïque.

Macron le clivant, le « disrupteur en chef » va plus loin dans ce « bowling spirituel » qui n'a évidemment rien d'improvisé. Il est le premier président à se rendre à Lourdes depuis... Pétain en avril 1941. Il place ses propres pas politiques dans ceux du Maréchal en se rendant comme lui dans ce sanctuaire À quel jeu joue-t-il ? Macron est joueur, certes. C'est un compétiteur ludique s'adonnant à la politique avant de passer à autre chose. Se lance-t-il dans une sorte de triangulation religieuse où il se positionnerait en garant d'une nouvelle laïcité ? Joue-t-il avec le feu de l'unité nationale ?

La laïcité qui devait être, en toutes circonstances, une sorte de « religion » de l'État français, devient un hochet entre ses mains. Il prend un risque majeur.

Cette laïcité déjà bien amochée, dans un pays qui ne cesse de balancer par-dessus le bastingage les cordages de ses ancrages historiques, prend de nouveau un sacré coup. Un président ne devrait pas jouer avec ses valeurs fondatrices. Certes, il est vrai qu'en 2007, le Président de la République Nicolas Sarkozy invita Jean-Marie Bigard lors d'une visite au Pape Benoît XVI au Vatican. Une visite papale pour tisser le lien au sacré de l'ancien maire de Neuilly « bling bling » à souhait qui ne pouvait pas faire de mal à l'image du nouveau chef de l'État. Le « cardinal du dogme » face au « pape de la blague salasse ». Sarkozy n'avait peur de rien ! Il présenta l'humoriste au Souverain Pontife, comme un « homme de Dieu » (*Sic*). Avec des arguments massues dont seul Sarkozy possède le secret : « Vous vous rendez compte, cet homme a rempli le Stade de France ! » et il « donne beaucoup d'argent à l'église »... « Le Pape continuait à hocher la tête, on aurait dit un chien à l'arrière d'une bagnole », s'en amuse encore Bigard.

Revendiquons la laïcité avec assurance et fierté. Assumons que l'Histoire de France est à nul autre pareil. Refusons cette remise en cause outrancière et fascisante de faits historiques ou religieux dont les relectures, a posteriori, non aucun sens et s'évertuent, in fine, à dresser les communautés les unes contre les autres. Les nouvelles générations blanches des pays occidentaux ne peuvent être comptables des actes de leurs ancêtres. Ces nouvelles générations ne sont responsables que de leur avenir. Qu'on se le dise !

La victimisation des minorités opprimées devient un marché où se confrontent l'offre et la demande ! Pour le plus grand bonheur financier des honoraires d'avocats et des subventions aux associations. Assa Traoré, l'Angela Davis aux petits pieds, n'a-t-elle pas signé un partenariat commercial avec la marque de luxe aux semelles rouges, Louboutin ? Faire commerce d'une notoriété acquise sur le dos des exploités persécutés communautaires n'est pas que moralement condamnable. C'est juste une escroquerie intellectuelle ! Le magazine *Time* a honoré Madame Traore « *Guardian of the Year* ». C'était bien avant qu'elle ne change de chausseur.

Quelle absurdité crasse de vouloir faire peser le poids d'une culpabilité historique sur des générations nouvelles. D'autant que, le plus souvent, elles ignorent jusqu'à la moindre petite parcelle de l'histoire de leur propre passé commun, source des reproches acerbes des activistes de l'apocalypse mémorielle.

Le poison lent du « wokisme », et de ses avatars *cancel culture*, fait déjà son œuvre pernicieuse dans l'inconscient de la classe dirigeante française. Certains partis politiques de gauche comme Europe Ecologie les Verts n'hésitent plus dans leurs réunions politiques à afficher leur soutien total à ce mouvement. Ainsi, à la fin août pour son université d'été à Poitiers, EELV reprenait dans son programme de débats toute la panoplie américaine. Le vers est déjà dans le fruit politique porté par la gauche française. La surenchère a commencé. Le « wokisme » grignote déjà les cerveaux des Verts français et des écolos de gauche radicale. Sans complexe, sans scrupule pour la déconstruction qu'il implique à tous les étages, les Verts réécrivent, dans leur programme de débats, la devise de la République française. Rien de moins !

L'un des ateliers proposés à Poitiers s'intitulait en effet « *Liberté, égalité, adelphité* ». Le mot « fraternité » a disparu au profit du terme « adelphité »...

Ce mot relève expressément du langage inclusif. Il vise, tout simplement à gommer l'idée de masculinité attribuée par cette gauche radicalisée au terme « fraternité ». Le mot « fraternité » serait une injustice flagrante, sorte de trace honnie d'un patriarcat dominateur et persécuteur. Renvoyant au mot masculin « frère », il faut, pour ces ayatollahs de l'écolo-féminisme, détruire le mot « fraternité ». Parce que pour ces militants de l'extrême gauche la seule solidarité qui vaille doit d'abord être non genrée et ensuite s'exercer entre femmes exclusivement. Les hommes en sont exclus, évidemment. L'un des ateliers politiques des Verts à Poitiers travaille, précise le programme, en « mixité choisie ». Ce terme, peu transparent, signifie que les hommes « cisgenre » (dont l'identité de genre correspond au sexe biologique de naissance) sont exclus. Un cauchemar hallucinant.

Et la « novlangue » qui accompagne la folie du développement du « wokisme » a même donné naissance en France à un nouveau mot pour qualifier cette « solidarité » spécifique aux femmes dont l'homme cruel et violent par son genre est exclu. Ces harpies, chasseuses d'hommes, parlent maintenant de « sororité ». Le terme lancé dans les années 70 est parti pour un large dévoiement. Je n'invente rien. Un véritable cauchemar angoissant. Cette frange de la gauche est en train de nous préparer une société de communautés et de castes, de citoyens différenciés, d'individus genrés et essentialisés qui fera, si nous n'y prenons pas garde, exploser ce qu'il reste d'unité nationale en France.

À Poitiers, pour ne pas vous laisser baigner dans votre « ignorance crasse » de mâle blanc, raciste, colonisateur et esclavagiste, les organisateurs ont même prévu de vous initier au « langage épicène ». Il s'agit de vous familiariser avec tous ces mots nouveaux du langage « woke » essentiels à votre repentance et au début de votre rédemption, pauvre hère blanc !

À genoux, homme blanc et repends-toi de toutes les abjections dont tes ancêtres se sont montrés coupables ! Ce nouveau « terrorisme intellectuel » menace de tout emporter. Comme s'il suffisait d'être blancs pour être cruels et monstrueux.

Ce langage a pour but de trouver les termes adéquats, sans marque de genre. Tout cela est grotesque et dangereux. Pour l'ultra-gauche il est essentiel et urgent de « déconstruire la colonisation patriarcale des imaginaires ». Ce charabia ne laisse rien augurer de bon... Est-ce que l'on se rend bien compte de ce qui se joue ? Après le chamboule-tout de Mai-68, dont on voit les effets globaux sur la société française, voici qu'un « tsunami » sémantique, verbal, et pseudo-philosophique menace de déstabiliser un peu plus notre société déjà bien malade.

Nous ne cessons de reculer sur nos valeurs. La langue elle-même est l'objet d'une attaque en règle. Le conservatisme de l'Académie française déplait aux linguistes de gauche. Témoin, cette bataille entre les partisans du « Passe sanitaire » contre ceux du « pass sanitaire ». C'est un bel exemple également de l'affadissement de l'autorité et des règles. L'Académie prend position pour la première orthographe. Au nom du conservatisme des règles. Et pourquoi pas ! N'est-ce pas louable et méritant, mesdames messieurs, les « artistes révolutionnaires » de la déconstruction ? À force de dynamiter l'autorité et les règles, vous détruisez notre patrimoine commun !

Dans *Libération*, on n'est évidemment pas du côté de l'Académie Française ! Christophe Benzitoun, un linguiste forcément bien comme il faut, pour être cité aussi abondamment dans le journal du « phare de la pensée progressiste », estime que l'on devrait écrire les mots comme il nous chante ! Oui, oui ! Alors pourquoi pas un « pässe sanitaire », propose l'éminent spécialiste ? Parce que pour lui c'est la difficulté orthographique qui creuserait de plus en plus l'écart entre le français parlé, qui évolue sans cesse, et sa « version écrite, corsetée dans des règles d'un autre siècle ». Cet autre siècle vous dit bien des choses, Monsieur le linguiste ! Ah, cher Monsieur Benzitoun comme votre croisade contre l'effort de l'apprentissage et du respect des règles linguistiques symbolise bien cette liquéfaction de l'Éducation nationale, son autorité et sa grande difficulté à transmettre des savoirs. Au Capès, diplôme recrutant des professeurs d'un certain niveau, la moyenne pour réussir a été baissée à 8/20, mais des candidats n'ayant eu que 5/20 ont été admis. Monsieur, défenseur de la langue française vous déclarez sans barguigner que l'orthographe française serait la grande coupable de l'incurie croissante des élèves à écrire sans faute ! « C'est ce qui fait que le niveau en orthographe chute et on peut prédire qu'il va encore baisser, au fur et à mesure de cette décorrélation entre le parlé et l'écrit », précisez-vous. Quelle sottise ! Si je pousse votre raisonnement à l'extrême, vous avez entièrement raison ! Le jour où il n'y aura plus aucune règle orthographique, il n'y aura plus du tout d'orthographe à respecter. Chacun fera donc zéro faute à sa dictée ! Qui aura l'autorité politique suffisante pour rétablir l'Éducation nationale dans ses prérogatives de l'école de la République ? Un nouveau chef de l'État en 2022 ? Un ministre qui n'aura pas peur des syndicats ?

Le langage lui aussi est attaqué. Il n'est que le maillon d'une longue chaine de déconstruction systématique de nos liens culturels ancestraux. Les progressistes détricotent par tous les bouts de la pelote cette belle nation française qui a longtemps pensé que son Histoire la rendait immortelle.

Déjà, nous ne célébrons plus qu'à bas bruit les vestiges d'un passé glorieux. Nous n'osons plus en France célébrer ces moments, sans lesquels l'unité républicaine n'aurait jamais été une réalité. La gloire est un tableau forcément mitigé représentant un ciel de nuages d'ombre et de soleils de lumière. Personne ne le conteste. Mais, prenons-y garde : l'uchronie n'est pas un projet de société. Archétype de cette dérive en marche, l'épisode pitoyable du Général Gudin, officier supérieur de l'Empereur, tombé au champ d'honneur. Découverte près de Smolensk en 2019, la dépouille du général Charles Étienne Gudin a été rapatriée en France au début du mois de juillet 2021. Après bien des atermoiements et des circonvolutions politiques, l'Élysée, gêné aux entournures du quand-dira-t-on de la bien-pensance infiltrée par l'essentialisme historique américain, a finalement accepté de célébrer la mémoire de ce soldat qui donna sa vie pour la France. Il sera inhumé aux Invalides, le 2 décembre, anniversaire de la bataille d'Austerlitz. Le retour des cendres de ce général aurait pu être l'occasion d'exhumer une partie de notre roman national. D'en parler, d'échanger, de confronter les points de vue sur cette période impériale. Et pourquoi pas d'évoquer le Général Gudin dans les cours d'histoire à la prochaine rentrée scolaire. Il n'en sera rien. Il n'en a rien été. Bien au contraire. Ce retour de l'Histoire de France en pleine lumière a été l'occasion d'un malaise et d'un embarras politique du pouvoir. Un pouvoir politique, Emmanuel Macron en tête, cohérent finalement avec sa stratégie annoncée de « déconstruction de l'histoire ». Le destin personnel du Général Gudin restera inconnu de la majorité des Français. Nous avons un chic cynique et inique pour traiter ces moments comme des poussières que l'on dissimule à grands coups de balai sous le tapis de la communauté nationale.

Laisserons-nous dorénavant les autres lire en les déformant de plus en plus les chapitres historiques de notre pays ? Allons-nous, sans sourciller, sans remarques diplomatiques au plus haut niveau, abandonner aux mains des activistes racialisés américains la mémoire de l'explorateur français Jean Ribault ? Il découvrit la Floride en 1592. Il avait une mission, à la demande de l'Amiral de Coligny, trouver un territoire pour la communauté protestante, persécutée en France. Aujourd'hui, ses statues sont déboulonnées et les collèges américains qui portent son nom sont rebaptisés. On lui reproche d'avoir, comme Blanc, mis la main sur des terres qui appartenaient aux Indiens. Alors que précisément toute l'histoire américaine de conquête de l'Ouest est basée sur la spoliation des terres des Indiens ! Pour Ribault, il s'agissait alors de protéger la communauté protestante. Comment le « wokisme » va-t-il traiter les conflits d'intérêt historiques entre les communautés ? Un protestant massacré en Europe ne méritait-il pas d'être sauvé, lui et sa famille ? Le conflit d'intérêt historique va vite devenir un casse-tête et une fin de non-recevoir finale pour les tenants de cette « revisitation » intégrale du passé. Une pierre de plus dans le jardin en friche de la *cancel culture* à la sauce barbecue fast food de la pensée. Il y eut d'abord une période ancestrale où la dignité individuelle imposait le duel pour laver des affronts écoulés. Puis, les lois et les règles à respecter ont donné, au fil des siècles, du sens et de la solidité pour juger des faits passés. Aujourd'hui, l'ère de la victimisation à tous crins devient l'étalon au nom d'une justice a posteriori qui pourrait bien être analysée, bien plus tard lors d'une nouvelle vague de *cancel culture*, comme une nouvelle injustice historique ! Le statut de victime veut déboulonner les statues des héros de notre passé.

La repentance de l'homme blanc de plus de cinquante ans doit être totale. Il disparaît de la télévision publique. Son trisaïeul des siècles passés, anonyme de son temps ou partie prenante, doit disparaître irrémédiablement des livres d'Histoire.

Que la société mondialisée s'agenouille la tête basse sur son passé n'y changera rien. Elle prend le risque d'humilier de nouvelles communautés revanchardes. Le progrès économique et social doit continuer d'apporter des réponses concrètes aux souffrances du passé. C'est ce progrès social, fer de lance du nivellement des inégalités, qui apportera une large partie des réponses aux blessés et meurtris de l'Histoire. Vouloir asservir les communautés montrées du doigt pour leurs responsabilités ne représente qu'une simple et dangereuse fuite en avant. Seule, la « communauté des victimes » peut sortir vainqueur de cet affrontement pour devenir celle des bourreaux ?

Ériger la victime en héros bouleverse tous les codes établis sur lesquels reposent le socle de toute société. La reconnaissance du statut de victime devient un objet de marchandisation. Le péril est grand de voir exploser dans chaque pays des révolutions victimaires, qui substitueront à un sol fragile mais en place une terre brûlée où chaque incendie allumé par le « wokisme » dévastera les mémoires des peuples et des communautés. Ces « feux mémoriels » commenceront par ravager les broussailles puis embraseront l'ensemble de nos édifices historiques. Car à vouloir juger l'Histoire, a posteriori avec les yeux d'aujourd'hui, le « wokisme » endosse la responsabilité de devoir revisiter l'ensemble des faits commis par des communautés à des époques où ni la justice sociale, ni le racisme et la xénophobie n'avaient noirci les pages de nos dictionnaires.

À l'occasion de la journée mondiale de la langue arabe, le lexicologue Jean Pruvost nous racontait à l'Unesco comment cette langue s'est inscrite dans l'Histoire du monde et dans celle de la langue française. Il nous explique que chaque jour nous utilisons de nombreux mots arabes... Ce matin au petit déjeuner, vous avez peut-être commandé une tasse (mot arabe) de café (mot arabe), avec ou sans sucre (mot arabe) et un jus d'orange (mot arabe). Nous parlerions arabe, comme Monsieur Jourdain s'exprimait en prose, à l'insu de notre plein gré. Pour relater ce colloque, France Inter sur son site Internet se fendit d'un article, au titre sans doute factuel mais outrancièrement militant : « Il y a plus de mots arabes que gaulois dans la langue française » ! Le mot « arabe » sonne ici comme une belle subtilité, et le mot « gaulois » fleure bon le grossier un peu « lourdingue ». Personne, évidemment, ne contestera l'expert lexicologue. Si quelqu'un veut se donner la peine de compter les mots... France Inter, radio de service public devant en théorie observer une solide neutralité politique, se tient résolument au côté du sachant contre le mécréant populiste, à qui décidément il faut tout apprendre, et lui mettre le nez dans son ignorance légendaire ! « Conscientiser les masses populaires » au nom de la bienveillance et de la pensée unilatérale construit les doux rêves politiques depuis des décennies d'une gauche française « redresseuse » de torts intellectuels et d'autres avanies (du grec médiéval *abania* et de l'arabe *hawân*... !) populistes. Le peuple, pour une partie de la gauche, c'est cet enfant pueril et inconséquent, incapable de penser par lui-même ou alors de manière déviante. Le populisme, voilà le mal absolu ! La gauche, si encline à comprendre le pourquoi du comment, toujours prompte à former, à expliquer, à prévenir, à faire œuvre de pédagogie... La gauche combat le populisme sans jamais en rechercher les causes profondes. La gauche, qui toujours a le mot « prévention » à la commissure des lèvres, n'est que dans la « répression intellectuelle » et brandit son revolver dès que l'on sort le mot « populisme ». Ne résistons pas à citer, Jean-Luc Mélenchon qui écrivait : « la haine du populisme, c'est la haine du peuple ! ». Quoi ? La gauche n'aimerait plus le peuple ? Est-ce bien raisonnable ? Oui, le divorce est consommé lorsque l'on regarde la sociologie des résultats électoraux. Les « intellos de gauche » boivent leur café froid en terrasse du café de Flore à Saint-Germaindes-Prés.

Cette gauche progressiste, donneuse de toutes les leçons ! Ne rien dire au peuple qui puisse exacerber, en revanche, son simplisme bêta, source inépuisable de son populisme indécrottable et dangereux. Mais la « pensée unique » est écrite et sous-titrée depuis des années par des « esthètes de la gauche », équilibrés et raisonnables dont la pensée s'est tellement édulcorée qu'elle en est devenue insignifiante et insipide. Cette gauche, sur le haut du pavé intellectuel, dans les années 80 – après l'avoir lancé en 1968 –, avait longuement labouré le terrain culturel français comme Antonio Gramsci le préconisait à son époque pour arriver au pouvoir. Dans cette décennie glorieuse pour le mitterrandisme, elle émettait des idées qui donnaient le tempo aux débats publics du pays. Vilipendés par la « vox boboli » les conservateurs et les « penseurs de droite » étaient alors montrés du doigt : ils réagissaient aux idées de gauche. Ils étaient donc des « réactionnaires », au sens littéral du terme. Le labourage de la gauche n'a pas vu se lever de moissons politiques depuis Mitterrand. Au contraire, ce sont les idées de droite qui occupent aujourd'hui le débat médiatique. Les « intellectuels de gauche », ne produisant plus beaucoup d'idées pour imaginer les grandes « réformes sociétales » des années à venir, les voici cantonnés dorénavant à réagir aux idées des penseurs de droite. Voilà comment la gauche est devenue réactionnaire dans notre pays !

Tous, parmi les acteurs culturels et médiatiques de la gauche, ne l'ont pas encore intériorisé complètement. Une partie est entrée en résistance avec l'énergie du désespoir. La gauche ayant perdu en partie le terrain des idées, voilà aussi pourquoi le tremplin de la *cancel culture* est aussi tentant pour elle ! Mais dans ce sauve-qui-peut idéologique, elle s'éloigne de la République. Qu'elle soit « islamo-gauchiste » ou « canceliste », elle perd la tête et tourne en rond.

L'exemple du nombre de mots arabes dans la langue française illustre bien ce point. Ce qui est absolument contestable dans ce constat scientifique repris par la radio publique c'est bien ce qu'il insinue et affirme en creux :

la *cancel culture* et le multiculturalisme couleraient déjà dans les veines de notre Histoire commune... Nous employons déjà au quotidien, tellement de mots arabes, italiens, anglais... Alors pourquoi vouloir y résister ! Mais évidemment, dans le contexte présent, l'exemple pris de la langue arabe est marquant. Cette langue n'appartient pas à n'importe quelle communauté. Le faire remarquer, c'est à coup certain s'exposer aux accusations d'islamophobie. Ne pas le remarquer, c'est aussi faire preuve d'une naïveté profonde.

Dans un souci d'égalitarisme sourcilleux et compréhensible sur le fond, les clips publicitaires sont devenus d'un seul coup la vitrine d'un multiculturalisme commercial forcené au seul bénéfice des marques. L'égalité à tous les étages ! Sympa ! La trouille de se mettre à dos les communautés et de perdre des parts de marché poussent, jusqu'à l'absurde, les vendeurs à toutes les génuflexions possibles. Ainsi, la goutte d'eau d'Evian restera comme un marqueur grotesque de cette puissante dérive née dans le sillage du « wokisme » américain. Des pubs pour l'eau des Alpes à la mi-avril déclenchèrent une tempête océanique pour un verre d'eau ! Alors que le ramadan débutait le 14 avril, inciter des musulmans à boire en plein jeûne ne constituait-il pas une offense aux croyants du Prophète ? La marque Evian présenta ses excuses !

N'a-t-on jamais vu des hypermarchés assurer des promotions pour de la viande un vendredi, alors qu'elle est proscrite, ce jour-là, dans la religion chrétienne ? Aucune grande surface n'a jamais eu l'idée qu'elle offensait des croyants et aucune, donc, n'a jamais présenté ses excuses. Cet exemple en dit beaucoup sur deux points : le premier c'est que le lien au sacré est infiniment plus distendu dans les pays occidentaux de tradition judéo-chrétienne,

France en tête, que dans les pays musulmans. De ce fait, la peur de choquer la croyance catholique pèse quantité négligeable, sauf sans doute aux États-Unis. Le deuxième, c'est qu'après le pouvoir politique, les entreprises multinationales s'assoient allègrement sur la laïcité française par souci de préserver leurs parts de marchés mondialisées. Le village planétaire pousse et promeut le multiculturalisme à sens unique comme cheval de Troie économique d'une mondialisation heureuse et triomphante. On peut tout sacrifier sur l'autel des profits globaux. D'ailleurs, les GAFA constituent à point nommé l'outil planétaire et instantané de cette mondialisation exacerbée qui peut aller jusqu'à la haine sur les réseaux sociaux, poussant donc un peu plus à l'éthnisation et à la communautarisation du monde. C'est cette communautarisation multiculturelle que les grandes multinationales encouragent en retour à grands coups de « clips publicitaires » ciblés qui renforcent à leur tour la fragmentation communautariste des peuples. L'indépendance et la souveraineté des nations disparaissent alors dans le grand magma économique et financier de la mondialisation. Les élus du peuple n'ont plus aucun pouvoir de décision. Il tombe, dans un silence assourdissant, dans les mains des patrons nommés par les conseils d'administration de Facebook ou de Tweeter.

Un nouveau monde va-t-il réellement naître sur les cendres de cette pandémie ? Ce que le marxisme n'est pas parvenu à faire, renverser une bourgeoisie avide de bénéfices exploitant les « masses laborieuses », un virus grippal va-t-il y mettre bon ordre ? Ou bien dans une de ses ruses historiques dont le capitalisme invente les ressorts immuables, le monde de demain ne sera-t-il pas la copie conforme du monde d'hier lorsque ses citoyens auront retrouvé santé et force de travail ? La mondialisation a rempli des poches mais elle a vidé nos campagnes de ses industries. La France périphérique, loin des grandes villes, est déclassée et paupérisée. Cette France-là, abandonnée au profit des cités et des politiques milliardaires de la Ville, ne peut plus s'accrocher à rien : loin de ses valeurs, la société française sombre dans une sorte de dépression collective.

Le monde d'après ? Car à y regarder de plus près, à la faveur de cette crise sanitaire mondiale, le monde économique est en train de basculer beaucoup plus vite et beaucoup plus fort du côté de la digitalisation, source d'accroissement de la productivité, ressort éprouvé de l'accumulation de la richesse. Les recours à la téléconsultation médicale, au télétravail, au commerce en ligne et bien d'autres sont les avant-gardes de la grande armée de l'économie numérique. Son triomphe annoncé, qui prenait du temps au rythme des changements d'habitudes en temps de paix, s'est construit en quelques semaines presqu'aussi vite que la course folle du virus sur tous les continents. L'économie numérique risque bien de gagner par chaos son match face à l'économie mondialisée. Elle pourrait devenir le vecteur essentiel, l'outil adéquate de la consommation de proximité, moins polluante, plus responsable. Et dans le même temps, depuis des décennies, nous avons tout délocalisé. La France s'est vidée de ses industries. Plus de vaccins ou de principes actifs, fabriqués dorénavant en Inde ou en Chine. Relocaliser en France l'industrie pharmaceutique ? Un grand patron français de laboratoire m'assure qu'entre « les claquements de doigts politiques et la réalité industrielle, il y aura un certain temps avant une éventuelle exécution ». Aveu fort qui montre que depuis longtemps le pouvoir politique a perdu le match qui l'opposait au pouvoir industriel et financier.

Une économie du capitalisme partagé va naître sous nos yeux ébahis avec ses préoccupations citoyennes comme cibles politiques. La relocalisation de secteurs industriels entiers va offrir au capitalisme local l'occasion de redorer le blason de la souveraineté nationale. Le modèle chinois de « l'usine du monde », tête de pont du stade ultime du capitalisme mondialisé, ne vient sans doute pas de s'effondrer sous nos yeux... Nos masques, nos médicaments ne peuvent plus y être fabriqués en toute impunité. Demain rien ne serait plus comme avant ? C'est pur, c'est grand, c'est beau comme de l'Antique !

Personne ne croit un seul instant à la fable du « nouveau monde » d'après. Qui peut croire aux fariboles d'un monde meilleur ? La Chine a l'origine du virus va évidemment sortir renforcée de la pandémie planétaire. Heureuse économie chinoise qui fait un beau voyage. Au pays du communisme d'État, les entreprises nationales copient allègrement les technologies de leurs voisines étrangères. Tout le monde se tait de peur de perdre un marché colossal à court terme en se tirant une balle dans les deux pieds pour le long terme ! Première économie à tourner à plein régime en 2020, la Chine ne lâchera rien, elle tient sa revanche sur tous ces siècles où sa puissance s'est évaporée dans les fumées des puissances industrielles européennes. En lançant ses « nouvelles routes de la soie », Pékin renoue avec sa spectaculaire puissance au XVe siècle. En 1405, partie de Nankin une armada chinoise de près de 320 navires jusqu'à 120 mètres de long et 9 mâts appareille pour conquérir le monde. La Chine est alors la première puissance économique. Après tant d'efforts depuis des siècles pour recouvrer sa puissance passée, qui peut croire que l'empire du Milieu va se laisser impressionner par des reproches ? Elle exige au contraire de continuer à tirer les ficelles de la mondialisation, source de puissance et de profits pour elle et ses satellites.

« Aujourd'hui, la mondialisation est dans un trou avec une couche épaisse de terre sur elle », explique le philosophe Marcel Gauchet. Est-elle morte et enterrée ? Impossible, impensable ! L'économie et la finance mondiales possèdent leur raison que la raison populaire ignore.

Quelle stratégie industrielle pour la France dans l'Europe ? L'ardente « obligation du plan » affirmée par de Gaulle n'est pas une formule dépassée. Qui aura l'autorité politique en 2022 pour redonner à l'industrie française des projets communs européens où notre pays jouera les premiers rôles ?

Immigration, un tabou français

La question du contrôle de l'immigration en Europe braque une lumière crue sur la perte de souveraineté des États-membres. Même si une partie des pays occidentaux sont directement responsables de l'effondrement d'États et donc responsables du sort de pays aujourd'hui livrés à eux-mêmes, la question de la canalisation des flux migratoires menace les démocraties européennes. Le changement de ton de Mario Draghi, lors du Conseil européen des 24 et 25 mai derniers, en dit long sur l'exaspération du Président du Conseil italien, plus habitué à un langage compassé qu'à des esclandres verbales tous azimuts. Ses mots ont marqué les esprits mais ont peu été commentés en Europe : « l'Italie est seule à affronter le problème migratoire ». Cette phrase sonne comme une ultime mise en garde. L'Italie est l'une des principales portes d'entrée à l'immigration clandestine sur le Vieux continent. Mais l'Espagne enregistre des chiffres records d'immigration algérienne sur ses côtes, sur le point de supplanter en 2021 l'immigration déjà conséquente en provenance du Maroc. Ces pays n'appartiennent pas à la catégorie de la Libye ou de l'Afghanistan : des États en guerre dans lesquels la puissance publique n'existe plus. Ce ne sont pas non plus des modèles de démocratie à l'occidentale. L'ensemble de ces flux migratoires sur les côtes italienne, espagnole, grecque, maltaise, chypriote constituent autant de laisser-passer pour l'Europe. Il n'est pas ici question de « passe-sanitaire », mais de l'octroi sans discussion possible, d'entrées en Europe de manière illégale. C'est évidemment inacceptable. L'Europe bruxelloise ne peut que constater son impuissance à juguler ces vagues incessantes d'immigrés. Le droit d'asile et le droit de porter secours se télescopent de plus en plus avec des opinions publiques européennes, lassées, parfois exsangues socialement avec la crise sanitaire. Comment accepter pour d'autres ce que l'on refuserait à son propre peuple ? Lorsque l'on souffre en tant que citoyen français, anglais ou italien, on n'est pas enclin à la solidarité mais à la survie.

Devant les tergiversations européennes engluées dans l'espace Schengen à géométrie variable en ces temps de pandémie, les États européens sont de plus en plus tentés de réagir individuellement. La solidarité européenne entre ceux qui, comme l'Allemagne, ont accueilli près d'un million de migrants et ceux qui les refusent au nom de la souveraineté nationale, a volé en éclats depuis fort longtemps. De ce point de vue, comme sur d'autres thèmes d'ailleurs, le couple franco-allemand a confirmé que depuis des décennies déjà il n'était plus qu'un vague mythe ou un vrai mirage. Comme souvent sur ce sujet ou d'autres, la France, depuis Macron, tente le chemin escarpé de la voie du « en même temps ». Ce concept a atomisé les partis politiques de droite et de gauche. Mais en matière d'immigration, il représente une sorte de « mollesse indécise ». Le manque d'incarnation de l'autorité régalienne de Macron, tout au long de son quinquennat, ne constitue finalement que l'aboutissement du « en même temps ». Il a bien tenté une sortie verbale en estimant que le « droit d'asile était dévoyé ».

Une fois de plus, les « coups de com » ne remplacent pas l'autorité d'actes politiques concrets et assumés. La politique française crève de ces « discours baladeurs » enfumant les électeurs et détournant les citoyens de la chose publique.

La question des flux migratoires enflamme pourtant le débat dans notre pays. Les populismes se nourrissent et grandissent sur ce type de terreau instable et dangereux. Le lien entre immigration et terrorisme n'est pas établi. Les statistiques sont rares et les analyses précises et dénuées de toutes arrière-pensées militantes, tout autant. Pourtant, entre 2012 et 2016, il est incontournable d'affirmer qu'une large part des attentats terroristes qui frappent le pays est le fait de Français d'origine étrangère. L'accélération des attaques islamistes en France bouleverse et modifie le ressenti national sur ces actes barbares. Certains crimes terroristes marquent les esprits et les mémoires durablement. Un Pakistanais de 25 ans, dans notre pays depuis trois ans, blesse grièvement deux personnes à coups de hachoir, devant les anciens locaux de *Charlie Hebdo*. Il souhaite « venger le Prophète ». Samuel Paty est décapité devant son collège par un jeune russe de moins de vingt ans, d'origine tchétchène, en France depuis son enfance À l'automne, un Tunisien de 21 ans égorge ou poignarde trois fidèles catholiques, en prière, à la basilique de Nice. L'assassin terroriste islamiste était arrivé en France depuis moins de quarante-huit heures.

Il serait erroné et donc malhonnête d'établir un lien entre immigration et terrorisme. En revanche, tous les terroristes étaient islamistes. Cette barbarie sanglante frappe d'autant plus les esprits français qu'elle s'attaque à trois symboles sur lesquels, historiquement, s'est construite la démocratie française : la liberté d'expression, le savoir par l'éducation républicaine et la tradition judéo-chrétienne. En reliant ces trois types d'assassinats islamistes, dans un raccourci forcément un peu caricatural, on voit en quoi ils percutent de plein fouet la construction de l'histoire française. Au-delà de l'abomination qu'ils suscitent et de la peur qu'ils engendrent, ces attentats – chacun le comprend bien –, visent à détruire notre société en dynamitant ses piliers fondateurs. Le Califat islamique rêve de reprendre la domination de l'Islam sur le monde stoppé en 1258 par la chute de Bagdad. L'État Islamique n'a pas d'autres ambitions que celle d'une domination sans partage au nom des disciples du prophète Mahomet. Et les fronts ouverts, souvent par des guerres locales déclenchées par les pays occidentaux, lui en offrent l'occasion. D'ailleurs, la reconquête fulgurante de l'Afghanistan par les talibans, alors que le retrait des troupes américaines n'était pas achevé, devrait interroger l'élu de 2022 à deux niveaux. Le premier, justement, concerne l'islamisation du monde. Les déclarations des talibans ne laissent planer aucun doute sur leur volonté de répandre le califat bien au-delà des frontières afghanes. Le second n'attendra pas l'élection présidentielle : cette « victoire » de l'islamisme afghan radical va encourager les actes terroristes un peu partout dans le monde, donc également, hélas, en France. Quelle politique sécuritaire pour les Français face au terrorisme ? Quels budgets pour quelles actions militaires ? Les Français ont besoin d'être protégés et rassurés. Ce serait faire acte d'autorité de la part du futur chef d'État français d'éclairer le peuple sur ces questions centrales.

Le terrorisme islamiste et l'accroissement des flux migratoires vont de nouveau être des sujets de préoccupation et d'actualité. Avec autorité, il faut les aborder au sommet de l'État et les partager avec les Français.

Arrêtons de musarder politiquement. Dans le calme et la transparence, le chef des armées doit aborder ces sujets sans tabou. Dans un passé récent et sanglant, des milliers de combattants terroristes étrangers ont survécu aux combats en Syrie ou en Irak. Ces hordes radicalisées et entrainées sont revenues en Europe. « Ce sont des bombes à retardement », comme le remarquait lors d'un mini-sommet européen consacré au terrorisme, le chancelier autrichien Sebastian Kurz. Or, cette situation risque bien de s'amplifier. Vingt ans après les attentats du 11-Septembre aux États-Unis, Washington a donc capitulé sur ses ambitions militaires et « démocratiques » en Afghanistan. Joe Biden affirme ne pas regretter sa décision de rapatrier les « boys » à la maison. Donc, les talibans vont y imposer la charia et sans doute son lot de répressions et de formations de terroristes. La répression va redynamiser le flux migratoire afghan en direction de l'Europe. La formation terroriste va faire craindre des lendemains sanglants un peu partout sur la « planète mécréante ». Tout le monde ne partage pas cette vision terrible. Le quotidien *La Croix* s'interroge sur la vraie démarche des talibans en Afghanistan. Le journal « chrétien » tend la joue gauche en posant cette question dans le titre d'un article publié en juillet dernier : « Afghanistan : les talibans ont-ils changé ? » Question sans aucun doute mâtinée d'une naïveté confondante d'un monde idéal de « bisounours ». La réalité est bien autre. Qui peut imaginer que ces talibans, qui dynamitaient en 2001 deux Bouddhas monumentaux de Bâmiyân classés au patrimoine mondial de l'Humanité, vont renoncer par un coup de baguette magique à la charia et au califat ? Qui peut l'imaginer ? Notre ministre des Affaires Étrangères. Oui, Jean-Yves Le Drian en a appelé à un « gouvernement inclusif » en Afghanistan.

Le vent de panique dans la population qui a précédé à la mi-août leur entrée à Kaboul en dit long. D'autant qu'après avoir congédié les Soviétiques de leur territoire, ils mettront de nouveau les Américains face à leur échec militaire. La situation afghane est inquiétante. La situation au Mali pose aussi beaucoup de questions. Le désengagement progressif de la France dans cette partie de l'Afrique, avec l'allègement de la force Barkhane, est une erreur politique d'Emmanuel Macron qui va redonner de l'espoir et de la force aux groupes terroristes islamistes de la région. Avec, comme en Afghanistan, deux effets collatéraux dramatiques pour la sécurité et la stabilité des pays européens, notamment la France : l'accroissement du flux migratoire et la reprise d'actes terroristes.

L'accroissement du flux migratoire en France, comme ailleurs, pose deux questions principales. La première est d'ordre culturelle, la deuxième d'ordre économique. Il est révolu le temps où les opinions publiques au grand cœur et les bras ouverts étaient prêtes à accueillir toutes les misères du monde. L'image du demandeur d'asile politique, homme et femme, sud-américains fuyant un régime à la Pinochet s'est totalement troublée. L'image des « boat people » échappant par la mer à la fin des années 70 aux dictatures asiatiques apparaît en total décalage avec celle des actuels flux migrants relayés par les réseaux sociaux. En 2021, toutes ces images sont remplacées par celles d'hommes uniquement (ou presque) venant de pays en guerre (ou pas) qui avec leurs téléphones portables en main racontent parfois à la famille restée au pays leurs pérégrinations jusqu'en Europe. Il y a bien évidemment tous ces morts en mer. Ces noyés qui ne verront jamais la terre ferme d'un pays qu'ils imaginaient sans doute comme un eldorado. Mais, il y a aussi tous les trafics et les business maritimes autour de ces migrants.

Le rapport de l'Organisation internationale pour les migrations (OIM) chiffre à près de soixante-seize milles personnes le nombre de migrants ayant tenté de joindre l'Europe par la mer entre janvier et juin de l'année en cours. D'autres arrivent par voie terrestre. Il s'agit d'une hausse de près de 58 % par rapport à la même période de l'an dernier. Rappelons qu'en 2015, près d'un million de migrants avaient traversé la Méditerranée dont près de 4 000 y avaient perdu la vie. Devant l'accélération des migrations massives attendues, l'Europe – ne voulant pas donner le sentiment de revenir sur ses décisions frontalières collectives –, laisse les pays durcir individuellement leur politique nationale en matière d'immigration. Bruxelles affiche très clairement une forme de lâcheté politique devant cette question. La France est à la traine. Par manque de volonté politique où d'autorité, Macron cherche sa voie entre la contrainte et la tradition française d'accueil historique de migrants dont la culture et le culte n'étaient alors en rien, dans les années 50, différents des nôtres.

Certains pays européens ont pris les devants. Citons-en deux. Le Danemark et la Grande-Bretagne. « Le projet de loi sur les frontières va réparer notre système d'asile cassé. Nous allons pouvoir décider de qui entre et qui sort de chez nous. » La secrétaire d'État britannique à l'intérieur, Priti Patel, n'y est pas allée de mains mortes, le 19 juillet dernier lors d'un débat devant la Chambre des Communes à Londres. Elle présentait ce jour-là un texte pour lutter contre l'immigration clandestine arguant qu'avec le Bréxit son pays aurait les mains libres pour agir sur le front de l'immigration illégale. Celui-ci prévoit notamment de renforcer les sanctions contre les migrants illégaux et de lutter davantage contre les filières de passeurs. Il faut dire que la question de l'immigration chauffe à blanc régulièrement l'opinion publique outre-Manche. Et justement, ce lundi 19 juillet, l'administration du Home Office indiquait que 430 personnes avaient accosté illégalement en juste 24 heures sur les côtes britanniques. En juillet dernier, le nombre total de migrants arrivés par bateau dépassait les 8 000 pour l'année en cours, soit déjà plus que le chiffre atteint une année plus tôt. « Assez d'un système d'asile défaillant qui coûte au contribuable plus d'un milliard de livres par an. Assez d'embarcations arrivant illégalement sur nos côtes, dirigées par des gangs du crime organisé. Assez de gens qui se noient dans ces voyages dangereux, illégaux et inutiles. Assez de personnes trafiquées et vendues en esclavage moderne. Assez de migrants économiques se faisant passer pour de véritables réfugiés. Assez d'adultes se faisant passer pour des enfants pour demander l'asile. Assez de gens essayant d'entrer illégalement, avant ceux qui respectent les règles », a déclaré Priti Patel. Elle a même été encore plus loin : « Encore et encore, nous voyons des meurtriers, des violeurs et des pédophiles lancer des requêtes de dernière minute pour rester dans le pays. Ce n'est tout simplement pas juste. Nos priorités sont les priorités du peuple ». Ce membre éminent du gouvernement britannique ne craignait pas d'être taxée de populiste ou de xénophobe.

D'autres pays, comme l'Autriche ou la Hongrie, ont mis en place des mesures contraignantes, affichant un discours patriotique pour les uns, nationaliste pour les autres, mais toujours largement caricaturé par la bien-pensance généralisée. Laissons ces deux exemples de côté pour nous concentrer sur le Danemark et sa loi du 3 juin dernier pour en finir avec « l'immigration massive sur son territoire ». Le « petit royaume » s'est-il réveillé fasciste, xénophobe et d'extrême droite ? Le Danemark a accueilli plusieurs vagues de migrations dans son histoire séculaire dont celle des néerlandais au XVIe siècle. Fier de ses valeurs et de son passé viking, assumant son opulence et ses racines culturelles, il ne veut pas voir son modèle dilué dans un multiculturalisme incontrôlé. Au nom de quelle théorie pourrions-nous contester à ce pays de cinq millions d'habitants son propre choix de société ? Depuis plusieurs années, le Danemark durcit invariablement sa législation contre l'immigration clandestine sur son sol. La loi du 3 juin dernier ne représente que la dernière étape en date de la politique migratoire danoise. Cette loi stipule que les centres pour migrants, en attente de demande de droit d'asile, doivent être installés en dehors de son territoire. Cette loi inédite en Europe permet d'expulser tout demandeur d'asile, dans son pays d'origine, pendant l'examen de son dossier. La Première ministre de droite, Mette Frederiksen, ne s'en laisse pas compter. Elle a obtenu une écrasante majorité au parlement. Des discussions avancées sont en cours avec l'Égypte, l'Éthiopie ou le Rwanda dont les ressortissants sont candidats à l'exil danois. Mais, cette loi a été précédée d'autres décisions.

Il existe donc des pistes concrètes. Certains pays les cherchent. Ils veulent lutter contre la montée des partis ultra populistes. L'immigration est un brasier européen à partir duquel flambent la plupart des fantasmes politiques. En France, depuis trente ans au moins, le sujet de l'immigration illégale, comme celui des statistiques ethniques, est un tabou. L'aborder c'est invariablement faire le jeu de l'extrême droite. La gauche, longtemps gênée aux entournures dès qu'il s'agit de parler d'immigration, a joué pendant les années Mitterrand le jeu dangereux du

« multiculturalisme bisounours » : les peuples ne demandaient, quelque soient leurs religions ou leurs cultures, qu'à vivre ensemble dans la joie et l'allégresse dans une paix intérieure et extérieure qui durerait éternellement ! La belle idée de l'Homme que voilà ! Le pays historique des droits de l'Homme ne pouvait évidemment pas, pour l'intelligentsia de gauche, arborer une vision étriquée du concept d'immigration. D'ailleurs, l'appartenance historique du PS français à l'Internationale socialiste rendait obligatoire l'accueil des autres. À terme, pour ces apôtres de l'utopie, il n'y aurait plus que des habitants du monde, effaçant l'idée même du citoyen et presque de la nation. Évidemment, la réalité est plus complexe. Car « La France ne peut pas accueillir toute la misère du monde », selon la formule de Michel Rocard, Premier ministre socialiste, venu du Parti Socialiste Unifié, la gauche de la gauche ! La citation apocryphe de Rocard n'est pas d'une violence verbale extrême bien qu'un tantinet condescendante avec la « misère du monde ». Passe encore. Mais, elle est explicite sur ce que Rocard veut dire dans les années 90 : il y a trop d'entrées illégales sur le sol national. Cela doit cesser. Le fait que le Rassemblement National parle depuis des décennies des sujets de l'immigration clandestine, du droit d'asile, de la question des frontières rendait ces thèmes putrides et nauséabonds. L'arrogance intellectuelle des élites énarchisées a longtemps sous-estimé la portée politique de ces questions sur les choix électoraux des Français. Il ne s'agit pas de verser dans la démagogie. Il s'agit de regarder avec autorité le problème en face.

Cette manière de ne vouloir rien dire, rien entendre et rien voir s'est traduite par la méthode française classique en de telles circonstances : l'empilement des lois ! De 1986 aux années 2020, plus d'une trentaine de lois sur l'immigration, le droit des étrangers... Dans ce total, il faut évidemment tenir compte des lois émanant directement de la transposition des directives européennes. Résultat de ce « magma législatif », des lois sans doute plus contraignantes pour canaliser l'essentiel du flux migratoire contrôlable, mais inefficace sur l'invisible. Les lois Pasqua de 1986 avaient pourtant considérablement durci les sanctions. Sarkozy, en 2003, alors ministre de l'Intérieur, rend la vie un peu plus facile aux étrangers ayant commis des crimes sur le sol national.

La France n'a pas vocation à accueillir toute la misère du monde. Pourtant, la « misère du monde » augmente. Le Droit d'asile français est devenu une « passoire » à la fois déculpabilisante pour les bonnes âmes salariées des ONG et un paravent de la République qui permet de rester en France pour des motifs personnels parfois totalement dévoyés.

L'un des enjeux de l'élection présidentielle de 2022 sera de protéger les Français contre leurs peurs. L'immigration clandestine en fait partie. Pour protéger et rassurer les Français, le retour de l'autorité politique constitue un préalable incontournable. Le prochain locataire de l'Élysée serait bien inspiré de prendre à bras le corps ce sujet. Il n'y a pas de solutions simplistes. Mais, beaucoup de Français veulent qu'on leur parle avec transparence de la question migratoire. À force de tourner autour du pot depuis des décennies, la classe politique a alimenté le populisme.

Réchauffement climatique et idéologie du chaos

Rassurer les Français, les protéger. Leur dire l'exacte vérité sur le changement climatique sans pour autant verser dans un catastrophisme idéologique. Les bouleversements et les évènements se multiplient sous nos yeux. Parce que le combat est aussi devenu un combat idéologique, nous perdons un temps précieux. Les surenchères des militants de la fin du monde caricaturent et radicalisent les positions. L'eschatologie écologique est devenue intolérable. L'état environnemental représente-t-il le signal avancé de la fin d'un monde tel que nous l'avons connu ou bien au contraire l'opportunité unique d'une réconciliation universelle ? Optons résolument pour la seconde hypothèse. Même si les deux hypothèses peuvent également s'additionner. Avançons vite, car c'est la planète qui perd son temps. Dans son cinquième rapport annuel, le Lancet Countdown on Health and Climate Change s'inquiète que le changement climatique conduise invariablement à une augmentation des risques de pandémie zoonotique comme la dengue, la malaria ou les maladies liées aux bactéries du genre Vibrio, c'est-à-dire des bactéries notamment responsables du choléra. Les changements climatiques s'invitent dans le débat, entre les reprises épidémiques et notre foi dans la science pour résoudre les problèmes sanitaires. En matière de vaccins, l'humanité est passée de la résignation des grandes pandémies divines ou inévitables à l'excès de confiance. Le moment charnière est l'année 1979, où l'OMS déclare la variole éradiquée. Désormais, l'humain se sent capable de vaincre n'importe quelle maladie. Une profession de foi que le VIH va mettre à mal, puis la fièvre d'Ebola. Mais, l'arrogance sanitaire de l'homme paraît si forte, depuis l'éradication de la variole, que finalement les pandémies n'inquiètent plus autant. En tous cas, avant le Covid-19. C'est aussi une époque où le lien entre changement climatique et apparition de maladies virales n'est plus scruté avec la plus grande vigilance médiatique. Ces sujets intéressent moins. L'homme possède l'ambition claironnée sans arrêts de coloniser d'autres planètes, de multiplier les vols spatiaux. Que représentent donc ces questions de pandémies face à la conquête programmée de l'univers ?

La dégradation de la nature devrait nous interpeller collectivement sur les nouveaux risques pandémiques. Les signaux sont multiples. Les inondations meurtrières en Allemagne et en Belgique n'ont pas pu éteindre le dôme de chaleur, au Canada, juste de l'autre côté de l'Atlantique. De même que les inondations au Japon n'ont pas plus rafraîchi l'Irak et ses températures de plus de 50°C ou éteint les incendies de pétrole dans le golfe du Mexique.

Mais le plus spectaculaire et le plus alarmant, ce sont ces immenses feux qui ravagent la Californie. Depuis la mi-juillet, ces brasiers n'ont pas cessé de se développer et de se renforcer. Le dérèglement climatique entraine des chaleurs excessives, une sécheresse endémique et des vents continus. Ces incendies sont si importants qu'ils ont créé des nuages, appelés « pyrocumulus », qui déclenchent des orages pendant lesquels la foudre frappe et provoque à son tour de nouveaux incendies. Autrement dit, ces gigantesques incendies, résultantes et marqueurs des changements climatiques, sont en train de créer leurs propres climats. Le dérèglement climatique met en place de nouveaux environnements, hostiles à l'homme et à ses activités. Ce dernier renforcera évidemment à terme les émergences pandémiques de tous ordres. L'autorité populaire dans chaque pays doit imposer à chaque autorité de pouvoir politique de prendre ses responsabilités.

Nos sociétés sont ballotées entre deux mouvements contradictoires. D'un côté, le principe de précaution qui participe à sauver l'humanité plutôt que l'économie. Et c'est nouveau : il existe un droit pour tout dans nos sociétés à l'abri des besoins, sauf le droit de mourir qui n'est plus reconnu !

De l'autre, le transhumanisme, nouvelle science née du digital, qui veut faire de l'Homme le nouveau dieu du ciel qui ne craint rien ni plus personne. Pas même une pandémie ! En même temps que la mondialisation a aboli toutes les frontières, le confinement nous a enfermés subitement dans les strictes frontières de nos portes et des simples pièces de nos appartements ! Quelle contradiction essentielle sans doute pour comprendre le monde du jour d'après. Pourtant, le confinement total de 2020 possède une vertu fondamentale qui prendrait presque le pas sur la privation de liberté qu'il nous a fallu subir sans barguigner. Cette période de confinement pour l'homme correspondait au contraire avec une période de liberté entière pour la Nature. Elle eut ainsi l'occasion d'afficher clairement sa grande résilience.

Voilà le principal message que nous ont adressé les forêts, les océans, les montagnes et les plaines.

Les signes d'une Nature en vie qui ne nous a jamais abandonnés sont multiples et joyeux ! Deux daims aperçus dans les rues de Boissy-Saint-Léger en région parisienne, proche de la forêt de Sénart dans le Val-de-Marne. Ils viennent du parc du Château du Pilpe, expliqua le maire de la ville à l'AFP... À Marseille, dans le parc national des Calanques, deux énormes rorquals ont été aperçus, très proches des côtes de la cité phocéenne. Saurons-nous nous souvenir de cette beauté et de cette force bienfaitrices de la Nature lorsque sonnera le jour d'après de cette pandémie du Covid-19 ?

L'eau des canaux de Venise est redevenue claire comme de l'eau de roche ! Le limon remué et maltraité par les gondoles à touristes et les croisières « villes flottantes », s'est redéposé au fond des artères fluviales en donnant à la Sérénissime une beauté supplémentaire. Les sommets de l'Himalaya étaient, alors, visibles à des kilomètres à la ronde et le ciel de Pékin commençait à laisser entrevoir du bleu. La pollution se réduisait et la Nature respirait.

On peut rêver à un autre monde avec beaucoup d'imagination et de naïveté. Et si la plus grande leçon que nous donnait ce virus n'était pas que d'ordre sanitaire mais aussi environnemental ? Saurons-nous retenir cette leçon dans le monde qui doit naître, paraît-il, le jour d'après ?

Aucune autorité politique nationale ne peut prendre des décisions pour l'ensemble de la planète. En matière environnementale, l'addition des souverainetés nationales ne devrait admettre qu'un seul but : préserver le collectif mondial. On ne peut être que pessimisme, même si les États-Unis ont réintégré avec Joe Biden les accords de Paris sur le climat. En effet, les développements économiques des Nations n'ont pas atteint les mêmes niveaux. Et certaines, pour de l'argent, de la croissance en plus ou des intérêts financiers, sont prêtes à sacrifier terre et mer. En 2022, la France et son élu devront remonter au créneau environnemental. Une nouvelle initiative française serait utile et redorerait notre blason diplomatique. Prendre une initiative majeure en Europe redonnerait du lustre et du souffle à notre pays tout en conférerant de l'autorité au nouveau chef de l'État.

Pass sanitaire ou kalachnikof

Le pays vit donc sous le régime du « pass sanitaire ». La fatigue de la majorité des Français face au virus qui s'est incrusté dans leurs vies le dispute à des réactions sporadiques d'une partie de la population française qui ne supporte plus l'état d'urgence et d'exception, contraignant pour nos libertés, et qui semble devenir une règle immuable. Quelques semaines avant les évènements de Mai-68, l'éditorialiste du journal *Le Monde* Pierre Viansson-Ponté écrivit sa formule prémonitoire et légendaire, « Quand la France s'ennuie ». L'ennui est mauvais conseiller.

Qu'aurait-il résumé en un titre ou une formule pour caractériser la situation actuelle du pays ? « Quand la France est à bout... » ? « Quand la France a peur... » ? Gangrénée par une violence quasi quotidienne dans des banlieues en proie à l'insurrection et un terrorisme islamiste qui semble l'attendre au coin de la rue, la France se recroqueville sur elle-même, prise dans une spirale victimaire ou révolutionnaire.

Les Français n'ont-ils jamais eu la faculté à se révolter seuls ou toujours guidés par une poignée d'ultra ? La situation française est lourde. Le climat dans le pays est délétère. De quelques côtés que l'on regarde, l'obscurité semble crever les yeux. À la fin juillet, depuis les fenêtres de l'hôtel de ville de Poitiers, pris d'assaut par une poignée d'assaillants aux cris de « révolution », le portrait de Macron a été piétiné avec haine, l'image présidentielle a été déchirée sous les vivats de la foule et jetée en petits morceaux depuis un balcon. La séquence violente est saisissante et le symbole puissant : ce n'est pas la tête au bout d'une pique que l'on montre à la foule de Poitiers, mais les morceaux d'un visage de papier glacé déchiqueté dont les lambeaux sont jetés, par la fenêtre, à la vindicte populaire aboyante. Ne s'agira-t-il que d'une « révolution de papier » ? La « haine envers Macron » prend de l'ampleur. Sarkozy hystérisait une partie du peuple français. Macron suscite jusque de la détestation. Une nouvelle vidéo de menaces d'Al-Qaïda, rendue publique le 15 juillet, cible la France et notamment Emmanuel Macron et Gérald Darmanin. La place Beauvau appelle les préfets à maintenir la vigilance « à un haut niveau, tout au long de l'été ». Michel Houellebecq s'interrogeait dans une tribune au site UnHerd : « les Français vont-ils prendre les armes pour défendre leur religion ? De religion, ils n'en ont plus depuis longtemps ; et, de toute façon, leur ancienne religion serait plutôt du genre à tendre sa gorge au couteau du boucher. » Provocation et lucidité implacable, tout à la fois. Cet extrait de la tribune de Houellebecq en dit long sur le mouvement de fond qui parcourt et percute la société française. La peur et la résignation.

Guerre civile, guerre civilisationnelle ? Pourquoi ne se poserait-on pas la question ? Le film choc a succès *Bac Nord* montre sans fioriture la violence inouie des quartiers nord de Marseille. Dans un éditorial, le rédacteur en chef Michel Guerrin du journal *Le Monde* écrit : « La tension monte notamment lors d'une scène hallucinante de vingt minutes où des flics prennent d'assaut un immeuble. Comme dans une guerre civile. » À Lyon, lors d'un débat public, un commerçant interpelle bruyamment le maire de la ville, l'écologiste Grégory Doucet : « Le quartier est devenu un coupe-gorge. Ce que vous dites, c'est bien beau sur le papier, mais on est dans l'urgence. C'est la guerre et, aujourd'hui, on n'en peut plus. J'ai voté pour vous. Mais là, c'est désormais invivable ». Combien de quartiers français ont-ils basculé dans une violence extrême ? D'après les statistiques du ministère de l'Intérieur, 350 000 agressions ont été commises sur les six premiers mois de l'année 2021. Cela équivaut à près de 1 940 agressions par jour. La hausse se monte à 16 % par rapport à 2020, il est vrai marqué par une période de confinement stricte. La hausse s'affiche à près de 9 % par rapport à 2019, année qui avait enregistré sur un semestre 320 000 agressions. Les décès dûs à des agressions ultra-violentes ont progressé de 7 % en 2021 pour atteindre le chiffre de 600 morts entre le 1er janvier et le 30 juin de l'année en cours. La violence parcourt toutes les provinces françaises avec des envolées des plus inquiétantes dans les départements de la Meuse, du Calvados, du Morbihan, du Maine-et-Loire, de la Saône-et-Loire, du Lot-et-Garonne, de l'Ille-et-Vilaine. Les départements ultramarins pulvérisent tous les records. Le Nord du pays s'embrase. Le jour même où la presse divulguait ces chiffres effarants de l'explosion criminelle en France, Emmanuel Macron se pavanait en Polynésie, des colliers de fleurs à ne plus savoir qu'en faire autour du cou. Télescopages des images et des symboles. Pendant que les lei aux fleurs de tiaré distillaient leur parfum, à 16 000 kilomètres de là – dans des zones de non droit – c'est l'odeur du sang et des voitures brûlées qui se répandait.

Jusqu'à quand cette violence va-t-elle être tolérée dans un contexte où les Forces de l'ordre épuisées sont elles-mêmes caillaissées et insultées ? Les quartiers les plus déshérités socialement seraient plus que d'autres sujet à ces flambées de violence. Cette forme de compréhension, voire d'excuse simpliste du phénomène de radicalisation de la violence, ne peut pas servir d'alibi. En voilà assez ! Les milliards déversés sur les banlieues marginalisées et ghettoïsées depuis des décennies n'auraient servi à rien ? Il suffirait d'être pauvre ou socialement en difficulté pour avoir l'autorisation de voler ou d'être violent ? Il faut répondre au désœuvrement et parfois à la haine de la France de ces jeunes « racailles », voyous, « sauvageons », vauriens qui répandent la violence et sèment le désordre. L'erreur de Jacques Chirac, pour des raisons budgétaires, est d'avoir supprimé le Service militaire en 1997. Il ne s'agit pas d'afficher une vision militariste mais de mettre en avant, au moins, trois vertus essentielles de la conscription. La première est que son processus, depuis « les trois jours » jusqu'à la période sous les drapeaux, permettait un brassage total de la jeunesse, à la fois, social et intellectuel, culturel, ethnique et religieux. Ce brassage, quelles que soient ses origines, permis par le Service militaire, constituait le seul moment dans une vie où la jeunesse masculine de France se confrontait, se côtoyait et finalement engageait un processus d'intégration des minorités. La mixité sociale, que les quartiers ou la carte scolaire n'ont jamais pu personnifier, s'accomplissait au travers du Service National. Sa deuxième vertu essentielle provenait du fait que la conscription offrait un moment irremplaçable d'unité nationale et d'appartenance à la même communauté de la République française. La troisième, n'en déplaise aux antimilitaristes forcenés, permettait aux plus faibles d'être portés, aux plus analphabètes d'être instruits, aux plus fauchés de sortir avec leur permis de conduire en poche ! C'était une école de la vie et de l'intégration républicaine. C'était une école de conduite.

Le Service militaire avait un coût, il n'avait en réalité pas de prix ! La seule approche financière aura eu raison de lui. Mais calculera-t-on un jour le « coût social » pour la société française de cet abandon en rase campagne ? Il aurait fallu le moderniser, l'adapter aux nouvelles formations du monde digital, par exemple. Le supprimer fut une faute politique et sociétale, gigantesque. Chirac a commis une double erreur avec cette suppression : d'abord, de n'avoir pris en compte que le « coût facial » de la décision, mais pas son « coût réel ». Ensuite, d'avoir affaibli la représentation du statut de chef de l'État et des Armées. Avec cette suppression, Chirac a altéré l'autorité présidentielle.

Depuis, les pouvoirs politiques courent avec modestie et discrétion derrière le fantôme de ce service militaire. Il y a bien le Service national universel. Il s'adresse aux jeunes de 15 à 17 ans. Pendant deux semaines, au moins, ils participeront à « un séjour de cohésion » dit la brochure officielle du gouvernement. Il s'agirait de « transmettre un socle républicain » en « renforçant la cohésion sociale ». En quelques semaines, évidemment, c'est un peu juste ! À bas bruit, dans les cercles du pouvoir, on regrette la décision chiraquienne. Sans le proclamer, la mise en place de ce Service national universel crée en 2019, sonne comme un aveu cinglant d'échec. La société française ne s'est pas remise de la suppression du Service national.

Quelques initiatives salutaires ne suffiront pas à renverser le cours de l'histoire de cette conscription dont la suppression interpelle d'autant plus aujourd'hui que la « dangerosité du monde » n'est plus une hypothèse mais une réalité soulignée très régulièrement par nos grands chefs militaires. Parmi ces initiatives pour rapprocher cette jeunesse en difficulté de la République, il y a le travail formidable réalisé par l'association « Laissez-les-servir ». Une trentaine de jeunes en difficulté scolaire ont participé cet été à une colonie de vacances d'un genre nouveau. Sous les ordres d'un ancien parachutiste, fondateur de l'association, ils apprennent la discipline, le respect et le goût du travail. Ces jeunes des quartiers populaires participent ensemble à des travaux utiles pour la commune. Quatre à cinq séjours sont organisés chaque année par l'association. Ici, pas de maniement d'armes, mais l'apprentissage du respect de l'autre et du travail bien fait.

Les « beaux esprits » boboïsés de ce qu'il reste de la gauche bien-pensante trouveront dans ce type d'initiative (un ancien parachutiste, quelle horreur !) des sujets multiples à la critique et à la malversation intellectuelle. Peu importe. Un intellectuel assis, comme dit vaguement un proverbe, va moins loin qu'un homme qui applique concrètement ses idées et qui marche !

Oui, il ne suffit pas d'être en difficulté sociale, financière, communautaire, pour avoir le droit de recourir à la violence ! Ce discours ne passe plus. Ça suffit !

Combien de villes moyennes de la France périphérique, plongées dans la précarité et le chômage après des désindustrialisations massives, sont demeurées dignes et calmes ? À Lyon, le 26 juillet, dans le quartier de la Guillotière, un combat de rue a éclaté en plein jour devant des dizaines de personnes. Un combat de rue à 20 heures sur la place Gabriel Dépérit. Les habitants sont exaspérés, à bout de patience. Que se passera-t-il le jour où ces habitants décideront, en attendant l'arrivée des Forces de l'ordre, de disperser avec leur propre milice ces voyous des rues ? La dégradation violente est exponentielle. Il ne s'agit plus seulement de zones de non droit à l'intérieur de quartiers que la République a fini par abandonner aux trafics et aux violences. Il s'agit dorénavant de places publiques au cœur des villes, gangrénées en toute impunité par l'illégalité et des déchainements barbares. Certaines situations paroxysmiques laissent penser que sur un évènement, peut-être mineur, la situation pourrait basculer dans un chaos d'affrontements intercommunautaires, ou entre citoyens français. Un rodéo sauvage qui tournerait mal après une intervention policière finira par déclencher des émeutes générales et meurtrières dans une ville. On n'a déjà assisté à ce début de scénario redouté par la police. Comment appelez-vous ce type de situations qui guettent la société française ? Des affrontements ethniques ? Des guérillas civiles et urbaines ? Des attaques civilisationnelles et religieuses ?

Les élites politiques préfèrent regarder leurs chaussures plutôt que de prononcer ces mots que beaucoup de citoyens redoutent. Mais comment nommer des assassinats de citoyens français, tués sur des lieux de cultes catholiques ? Comment qualifier l'assassinat de fidèles, égorgés parce qu'ils étaient chrétiens ? Le père Jacques Hamel, seul et fragile dans son église de Saint-Etienne-du-Rouvray le 26 juillet 2016, criblé de dix-huit coups de couteau et égorgé avec comme seule défense les derniers mots de sa foi : « Va-t'en Satan »... Paix éternelle à sa belle âme. Comment pourrait-on faire croire aux catholiques qu'ils ne sont pas ciblés par ce terrorisme immonde sur leur propre sol ? Le Père Olivier Maire, supérieur des Montfortains, a été assassiné par un criminel rwandais qu'il hébergeait par charité chrétienne en Vendée. Ce même individu avait incendié la cathédrale de Nantes en 2020. Quelle peine avait-il purgée ? Pourquoi est-il demeuré en France ? Qui sont les juges et les psychiatres qui l'ont laissé libre et qui ne paieront pas leur incurie et leur impéritie ?

Il devait quitter le territoire en 2019. Comment le Ministre de l'Intérieur peut-il affirmer alors que « les étrangers menaçants l'ordre public sont systématiquement reconduits dans leur pays » ? Foutaise et gesticulations politiques. Incendier une cathédrale, il y a un an, ne constituait-il pas une atteinte à l'ordre public dans un pays judéo-chrétien ? Non, dit la justice. Combien de lieux de cultes chrétiens ont été dégradés, brûlés ou volés en France depuis plusieurs années ? Actes psychiatriques ou actes de guerre de religion, les media ne retiennent jamais le qualificatif de « christianophobie ». Dans l'assassinat du Père Olivier Maire, l'individu relevait donc de la psychiatrie ! L'individu n'était donc pas responsable de ses actes ? Irresponsable, donc.

L'addition des assassinats rend ce terme inaudible pour la grande majorité des Français. Psychiatrie ? Il devient même un carburant pour les complotistes qui affirment que l'islamisme a déjà submergé la République, mais qu'on le cache... Et que sous le terme de « psychiatrie » on masque en réalité l'impossibilité pour notre démocratie à faire face et à lutter contre la barbarie terroriste. Pour ne pas affoler les foules, on qualifierait de « fous » une partie des auteurs de véritables actes terroristes islamistes. Voilà ce que répandent les complotistes sur les réseaux sociaux.

« S'attaquer à un homme d'église, c'est s'en prendre à la France ». La réaction de Darmanin est affligeante d'impuissance, en réalité. À chaque nouvel « attentat psychiatrique » le ministre de l'Intérieur se rend sur les lieux pour afficher la présence de la République. Il court, ici derrière l'attaque d'un policier, ici derrière un acte terroriste, ailleurs derrière un règlement de compte entre trafiquants à coups de kalachnikov. À Marseille, à la fin aout, c'est un enfant de 14 ans qui a été tué, de sang-froid, par des tueurs en scooteur pour une nouvelle affaire de commerce de stupéfiants. La violence terrifie.

Après l'assassinat du supérieur des Montfortains, il n'a pas dérogé à la règle, Darmanin est arrivé sur place. Il a parlé. On n'écoute plus vraiment les paroles. Le flot de mots ministériels deviennent une bouillie de regrets et de compassion. Des aveux de faiblesse. La réalité est que le pays, pris au piège de son propre angélisme pendant des décennies, ne sait plus quoi faire pour juguler ou même stabiliser cette violence protéiforme.

La violence religieuse et les violences innombrables du quotidien finissent par s'additionner dans des amalgames populaires, relayés par les réseaux sociaux, mauvaises conseillères pour la paix civile.

À Bonneuil-sur-Marne, des racailles tentent d'assassiner des policiers en tirant à bout portant des mortiers dans leur véhicule de service. En Île-et-Vilaine, au sud de Rennes, « on a vu arriver des bandes de sauvages », explique un témoin. Classé monument historique, le château du Bois Glaume, à Poligné, a été saccagé par des jeunes de banlieues. La Chapelle a servi de latrines. Des coups de feu y ont été tirés avant que la gendarmerie n'intervienne. Les rodéos sauvages, ailleurs, se multiplient dans des villes, gagnées petit à petit par une violence urbaine inouïe.

Un dimanche soir, des policiers intervenaient pour mettre fin à un rodéo sauvage à Neuilly-sur-Marne, en Seine-Saint-Denis, en interpellant un homme. Ils sont pris à partie par une centaine d'individus qui les ont caillassés et ont tiré, une fois encore, des mortiers d'artifice dans leur direction. Il s'agit bien d'actes de guérillas urbaines. À tout moment, la situation peut basculer et entrainer la perte de vies. « Nous ne savons pas quand et où, mais nous avons la conviction qu'une étincelle provoquera un dérapage qui entrainera une situation conflictuelle et violente à une échelle pas encore vue dans notre pays », assure un gradé de la Gendarmerie nationale. Devant l'inquiétude grandissante des Forces de l'ordre, le pouvoir en place promet de règlementer l'achat des mortiers et de saisir les véhicules utilisés pour ces rodéos urbains parfois meurtriers ! Mais la plupart de ces deux-roues sont volés ! Les réponses politiques paraissent désuètes et vaines face à la montée exponentielle de la violence. Les « gros pétards » dangereux lancés sur les forces de l'ordre ne sont sans doute qu'une étape dans l'escalade contre la police. Beaucoup de ses membres le redoutent. Et si demain, ces voyous jetaient des parpaings sur les forces de l'ordre, il faudrait interdire les parpaings ? La confusion répressive montre clairement l'impasse dans laquelle nous nous trouvons.

Des sources proches des renseignements estiment que les banlieues françaises, livrées au commerce de la drogue, ne cessent de se surarmer. Tous les chiffres circulent. Les plus fous. Ils sont par définition invérifiables. En 2010, dans un article publié par *Le Figaro*, un commissaire de la Police Judiciaire indiquait que l'estimation d'armes illégales en circulation pouvait atteindre plusieurs dizaines de milliers. Au premier rang de ces trafics, on retrouve la kalachnikov qui fait justement régulièrement parler d'elle dans des règlements de comptes intra-cités. Et parfois jusque dans des villes « calmes » comme Nice ou Dijon où les règlements de compte entre communautés musulmanes ont récemment dégénérées.

« Une kalach' se vend autour de 250 euros au marché noir, un 357 Magnum ou un 11.43, prisés des chefs de gang, se cèdent pour environ 400 euros », assure, dans ce papier du *Figaro*, un officier de police de la petite couronne parisienne. Mais combien d'armes au juste sont susceptibles de sortir de leurs caches pour servir dans des règlements de comptes, des tentatives d'intimidation ou d'authentiques braquages ? Dans les services spécialisés du ministère de l'Intérieur, le chiffre de 30 000 armes illégales circule sous le manteau. Une estimation réalisée d'après les saisies opérées par les services. Explication : « Les forces de l'ordre mettent la main sur environ 4 000 armes par an, principalement en banlieue, or nous savons que l'essentiel du stock échappe à la police, qui ne saisit peut-être que 10 % à 15 % du total », expliquait ce commissaire.

L'une des craintes exprimées par un haut fonctionnaire du ministère de l'Intérieur se résume en une phrase : « Dans ces banlieues où le fait religieux se mélange au trafic de drogue, le risque d'embrasement est réel. » La place Beauvau accélère la lutte contre les trafics de drogue avec prudence pour sans doute éviter cet embrasement redouté. Mais l'intensification de la répression en matière de lutte contre les drogues bousculent le train-train de cette criminalité qui pourrait bien réagir un jour en abandonnant les tirs de mortiers au profit de ceux avec des kalachnikovs. Le basculement alors vers une lutte armée à l'intérieur même du pays ne serait plus de simples vues de l'esprit. Soyons lucides. Il ne s'agit pas d'attiser les peurs. D'autant que la peur n'évite pas le danger. Il s'agit d'être totalement transparents et conscients des risques que ces montées de violences font peser sur notre pays. On peut accuser de tous les mots et de tous les qualificatifs ceux qui tirent les sonnettes d'alarme. Les faits ne disparaîtront pas parce que certains commentateurs auront traités d'abrutis, les « irresponsables » qui osent craindre un embrasement du pays !

À côté de la montée des violences, des crimes et de la communautarisation du pays, la crise sanitaire et son convoi entraves aux libertés est venue ajouter au climat général de grandes tensions. « Nous ne cherchons pas à fracturer. Notre pays a besoin d'unité. Notre pays est fatigué, pas par le Gouvernement ou le Parlement, il est fatigué par le virus », expliquait Jean Castex, avec des mots bien maladroits qui caractérisent son absence de sens politique. Avec une maladresse consommée, le Premier ministre a ainsi dégagé toute responsabilité gouvernementale dans le climat actuel. Oui, le pays est fatigué. Et le gouvernement et Emmanuel Macron ont bien une part de responsabilité. Le manque de transparence, pour ne pas dire l'accumulation de contre-vérités ou de mensonges dans la gestion de la crise du Covid-19, a fait des ravages politiques. Les exemples fourmillent. Nous les avons en mémoire. Le plus fort reste celui de « l'immunité populationnelle » qui nous permettrait de ne plus rien avoir à craindre du virus. On s'en souvient au début de l'année 2020, dans un « chœur des soldats » que n'aurait pas renié Charles Gounod écrivant son *Faust*, pas un seul membre du gouvernement n'oubliait l'élément de langage central de cette fin annoncée de la pandémie : « Lorsque l'immunité populationnelle atteindra 50 ou 60 %, il n'existera plus de risques majeurs ». Les spécialistes le proclamaient, alors les politiques reprenaient en chœur ce « chiffre d'or ». La belle affaire !

En tenant compte des adultes malades et de ceux vaccinés, ce nombre magique donnait bien de l'espoir. Et l'espoir adressé aux populations, c'est bien connu, surtout lorsque l'on ignore à peu près tout des raisons d'une situation, constitue le plus sûr moyen de gagner du temps. En juillet 2021, 70 % de la population adulte française a reçu sa dose de Pfizer ou de Moderna. Sur les bases des annonces de 2020, nous serions sauvés et pourrions dans l'allégresse reprendre nos vies d'avant. Eh bien non, pas du tout ! Dorénavant, qu'on se le dise, le Conseil scientifique évalue à 90 voire 95 % le taux d'immunité collective nécessaire pour contrôler le virus. Et cela à cause du variant Delta. Comme si aucun épidémiologiste ne savait qu'un coronavirus avait comme spécialité intrinsèque de muter ! De qui se moque-t-on ? Cette variabilité fluctuante à quelques mois d'intervalles sur le taux d'immunité requis pour obtenir la paix sanitaire n'est qu'un exemple parmi d'autres. Il est le symbole d'un pouvoir centralisateur et arrogant. Comment s'étonner alors de la défiance d'une partie des Français envers la vaccination ? Et dans la foulée, comment ne pas comprendre et entendre les interrogations sur la finalité du « Pass sanitaire » ?

Les errements et les revirements autour de la gestion de la crise pandémique ont semé le trouble. Le pouvoir exécutif avait finalement le choix entre dire la vérité sur son ignorance d'un virus inconnu aux multiples facettes, ou louvoyer en permanence entre affirmations définitives et contre-vérités passagères. Il a choisi le deuxième chemin tout en affichant son ignorance arrogante. Le résultat produit n'a pas été bon. Seule la peur de l'épidémie ou la peur de devoir renoncer aux plaisirs de la vie, pour la vaccination et le « pass sanitaire », ont poussé les citoyens à obtempérer aux injonctions gouvernementales. Pas d'adhésion du peuple français. Le pays ressortira un peu plus fracturé et divisé après cet épisode sanitaire. Déboussolée, la société française a affiché bien des excès et des dérapages : des « étoiles jaunes » portées pour caractériser lors d'une manifestation le « pass sanitaire » ; une eurodéputée d'Europe Ecologie-Les Verts qui qualifie d'« apartheid » l'obligation annoncée du « laisser-passer » ; « génération sacrifiée » pour désigner ceux qui ont vingt ans aujourd'hui en les comparant à ceux qui en 1914/18 enchainèrent la Première Guerre mondiale et la grippe espagnole. On n'aura entendu tant de propos fous pendant cette période folle. Le pouvoir exécutif n'aura pas été en reste. En alignant contre-vérités et parfois mensonges, il aura semé lui-même quelques graines pour faire lever la moisson du complotisme. Les spécialistes des « Fake news » – dont les visées parfois perverses et attentatoires à l'unité nationale, agissant depuis l'étranger, n'échappent à personne –, s'en sont donnés à cœur joie. Ces « fausses informations » répandues sur les réseaux sociaux sont d'autant plus prises au sérieux que leurs lecteurs sont baladés entre lumières et clairs-obscurs par un pouvoir politique manipulateur. La défiance nourrit la méfiance. La méfiance est toujours mauvaise conseillère surtout lorsqu'elle s'ajoute à la peur panique de l'épidémie. Quelles traces politiques laisseront ces années sanitaires arrachées à nos vies ?

Et maintenant ?

Viendra le temps où les romanciers, les philosophes et pourquoi pas les poètes s'empareront du thème de cette « grippe chinoise ». Elle aura fait plus de décès aux États-Unis qu'il n'y eut de soldats américains morts pendant la guerre du Vietnam. Il faudra bien témoigner et surtout faire survivre dans la mémoire commune cette période si glauque et si lourde. Qui seront les nouveaux Albert Camus, Thomas Mann ou Véronique Tadjo, la grande romancière ivoirienne ?

« Pars va-t'en. Va chez ta tante dans la capitale. Le village est maudit. Ne reviens plus jamais. Elle a fourré quelques habits dans un sac et puis l'argent qu'il lui tendait. Quand le bus s'arrêtera à la gare centrale, il y aura du monde partout. Ne t'inquiète pas. Ta tante sera là pour t'accueillir. Ne lui dis rien. Surtout ne lui dis pas que nous mourons ici. Elle aurait peur. Ne lui dit pas que ta mère et tes deux petits frères sont gravement malades... »

Quelques lignes du livre *En compagnie des Hommes*, de Véronique Tadjo à l'époque où toute l'Afrique tremblait devant le fléau Ebola. L'Occident riche dans son égoïsme jeta un regard à demi éveillé sur cette épidémie qui ne le toucherait finalement pas.

Dans la littérature des pandémies dévastatrices, le choléra occupe évidemment une place à part. Cette pandémie a toujours ressuscité les peurs séculaires. Thomas Mann, dans l'éblouissant roman *La Mort à Venise*, a donné toute sa dimension au temps qui passe, essentiel et terrifiant, en période de pandémie mortelle.

« Derrière les palissades des entrepreneurs de monuments funéraires, les croix, les pierres tombales et les mausolées faisaient comme un autre cimetière, inhabité celui-là ; rien n'y bougeait, et en face, la chapelle, où l'on bénit les morts, reposait en silence dans le reflet du jour à son déclin. Sur sa façade décorée de croix grecques et d'images hiératiques aux couleurs claires, s'ordonnaient en lettres d'or des inscriptions symétriques, des paroles de l'Écriture relatives à l'au-delà. – "Ils entreront dans la maison de Dieu." – "Qu'ils reçoivent la lumière éternelle" – et pendant ces minutes d'attente Aschenbach avait trouvé une grave distraction à déchiffrer les formules ; son regard errait sur elles, sa pensée s'abandonnait à leur transparente mystique, lorsque, sous le portique, au-dessus des deux bêtes de l'Apocalypse qui gardent le perron, la vue d'un homme étrange vint le tirer de sa rêverie et imprimer à ses pensées un tout autre cours. »

Et puis enfin, légendaire, *La Peste* d'Albert Camus dont je me souviens de l'un de ses anti héros confinés qui depuis la fenêtre de son appartement jette des petits papiers pour amuser les chats et leur crache dessus pour passer le temps ! Un héros de roman peut être un personnage médiocre, marquant et attachant. Ce cracheur fou en est un. Son confinement aura eu raison de sa lucidité bienveillante et humaine. Camus ne parle pas de confinement. C'est tout comme. Le confinement qui altère les comportements et transforme des gens raisonnables en personnages brutaux et violents ou excentriques pour en faire des héros de romans. Écoutez, le bruit des mots sous la plume tranquille de Camus.

« On pouvait cependant avoir d'autres sujets d'inquiétude par suite des difficultés du ravitaillement qui croissaient avec le temps. La spéculation s'en était mêlée et on offrait à des prix fabuleux des denrées de première nécessité qui manquaient sur le marché ordinaire. Les familles pauvres se trouvaient ainsi dans une situation très pénible, tandis que les familles riches ne manquaient à peu près de rien. Alors que la peste, par l'impartialité efficace qu'elle apportait dans son ministère, aurait dû renforcer l'égalité chez nos concitoyens, par le jeu normal des égoïsmes, au contraire, elle rendait plus aigu dans le cœur de hommes le sentiment de l'injustice. Il restait, bien entendu, l'égalité irréprochable de la mort, mais de celle-là, personne ne voulait. Les pauvres qui souffraient ainsi de la faim, pensaient, avec plus de nostalgie encore, aux villes et aux campagnes voisines, où la vie était libre et où le pain n'était pas cher. Puisqu'on ne pouvait les nourrir suffisamment, ils avaient le sentiment, d'ailleurs peu raisonnable, qu'on aurait dû leur permettre de partir. Si bien qu'un mot d'ordre avait fini par courir qu'on lisait, parfois sur les murs, ou qui était crié, d'autres fois, sur le passage du préfet : "Du pain ou de l'air." »

Quels auteurs ou romanciers raconteront l'histoire de nos héros du quotidien ? Donner corps à des personnages romanesques, en premières lignes, levés tôt pour soigner tard et parfois fauchés comme les blés sans espoir de ne jamais plus se relever le matin suivant. Il faudra écrire les grands romans de ce Covid-19. Les personnels soignants, les routiers, les caissières. Ceux qu'habituellement personne ne regarde mais dont chacun comprend l'importance lorsque le pire arrive. Combien de destins se sont croisés pendant cette période épidémique que rien ne prédestinait à la rencontre ? Que se sont dit tous ces gens, l'un assis au bout du lit, l'autre au bout de sa vie, loin des familles et des regards habituels ou affectueux ? Nos « vieux » silencieux assis seuls dans des chambres vides. Nos « blouses bleues » les yeux rougis par la fatigue et l'émotion bouleversante des morts au quotidien. Des citoyens, juste humains, loin des jeux politiques ou complotistes. Si loin des profits gigantesques des laboratoires pharmaceutiques ou des combines politiques. Des citoyens confinés entre la douleur de l'éloignement de proches et la proximité d'une mort inconnue.

La France est meurtrie. La pandémie fait son œuvre. Les tensions sociales, la montée des violences et l'effritement avancé de la société ont tracé leur chemin dans la conscience d'une majorité de Français qui regarde avec nostalgie un pays s'éloigner de son Histoire et de ses racines. Un pays qui se liquéfie et se désagrège dans un progressisme hirsute que ses promoteurs décrivent comme un « nouveau monde ». Foutez la paix aux Français avec la nouveauté ! On a toujours construit l'avenir de ce pays en s'appuyant sur les bases solides de son passé. On ne construira rien sur des aventures sans lendemains. La France est en ébullition aussi. Les mouvements de contestation sont multiples. Les Gilets jaunes n'ont pas tout à fait renoncé à faire entendre leur détresse. Près d'une trentaine de ronds-points, en France sont encore actifs et occupés régulièrement les week-ends. Il y a celui de la Mude, dans les Deux-Sèvres, et de nombreux autres. On s'y retrouve par solidarité, fiers d'un combat social qui n'est pas fini. La France gronde. Les motifs s'ajoutent aux ressentiments accumulés. Le « pass sanitaire » alimente un mécontentement puissant. Les exemples s'accumulent dans notre pays à bas bruit. Le patron de la Cité de l'Océan à Biarritz a poussé un coup de colère en forme de SOS. Olivier Mercoli ne sait plus comment gérer les incivilités de tous ordres générés par la crise sanitaire. Dégradations, insultes à répétition, violences physiques, la liste s'allonge : le personnel de ce parc à thèmes ludo-scientifique subit les assauts verbaux et physiques d'une clientèle parfois chauffée à blanc avec l'application du fameux « sésame sanitaire ». La façade du Musée de la mer y a même été vandalisée, des lettres arrachées et des graffitis apposés sur des murs. L'un des buts de ce lieu de découverte et de culture est de mieux connaître les milieux marins pour respecter l'océan. Respecter l'océan lorsque des individus ne respectent déjà plus rien dans leur environnement proche, quelle gageure ! Le respect, une valeur ringardisée et détruite consciencieusement par les « déconstructeurs » patentés depuis Mai-68 et autres petits boutiquiers de l'évolution sociétale progressiste. Ces « évolutionnistes » ont pratiqué une politique de la terre brûlée, et nous avons, pendant des années, regardé ailleurs. La maison commune de l'unité nationale française brûlait, mais nous regardions ailleurs par lâcheté. Peu de voix s'élevaient pour oser affronter la pensée unique dominante qui ralliait à sa cause les mouvements intellectuels du progressisme débridé.

Le sursaut ou l'abîme

La France souffre. Elle est en bien mauvaise posture. L'élection présidentielle de 2022 ne fera pas office de baguette magique. Cette élection constitue une « fenêtre de tirs », une opportunité. Elle doit consacrer le retour de l'autorité au plus haut niveau de l'État. L'autorité est respectable. Elle sait se faire respecter. Tout partira de là. Une incarnation forte qui réaffirmera et le sens du devoir et les valeurs régaliennes. La république est en danger parce qu'un à un ses piliers fondateurs ont été sapés depuis des décennies. La laïcité est un bien commun et un amer républicain constitutif de notre unité nationale. Sans doute l'un des derniers. Il nous faut la défendre mordicus en ne concédant rien. L'autorité républicaine du futur élu devra, sans trembler, réaffirmer ce que nous sommes et replacer dans le jeu démocratique et politique nos valeurs fondamentales. Une nation n'est pas un ensemble disparate de communautés. Une nation, c'est un peuple et une identité forte. Une nation, c'était aussi avant un peuple et une frontière. Plus cette identité est solide, plus la nation possède les ressources et la capacité à intégrer et à envisager dans la sérénité, son avenir. Plus ses valeurs sont minées, plus la nation fragilisée va douter d'elle-même et de sa capacité à survivre.

Il y a des évènements qui, parce qu'ils fédèrent la nation tout entière, peuvent représenter une opportunité pour l'unité nationale. Les Jeux Olympiques de Paris 2024 peuvent être cette opportunité. Il est bluffant de voir comment et avec quelle exacte rectitude cet évènement sportif planétaire abolit tous les clivages politiques, religieux ou raciaux. Il n'y a plus d'électeurs de gauche ou de droite pendant les Jeux. Il y a des « patriotes sportifs » qui – peu importent le sport ou la discipline confidentielle –, veulent voir leurs couleurs portées au plus haut.

La ferveur de la cérémonie de transmission entre Tokyo et Paris a offert un beau spectacle dans lequel le « patriotisme sportif » a pris le pas sur tous les « nationalismes politiques ». Les JO possèdent cette grâce unique de mettre au premier plan les nations et les drapeaux sans jamais tomber dans la surenchère nationaliste. Pour cette cérémonie au Trocadéro, une Marseillaise a retenti et des centaines de drapeaux tricolores se sont agités. Pendant qu'à Tokyo, pour passer le flambeau, on chantait Edith Piaf, à Paris, une foule bigarrée symbolisant le peuple, affichait sa fierté d'être français. Le 8 août, en milieu d'après-midi, en face de la Tour Eiffel, flottait comme un air d'unité nationale et de fierté française. Comme un air de « liberté, d'égalité et de fraternité »... Il ne s'agissait que d'images furtives et parfaitement travaillées. Une communication bien huilée qui, sans doute pour beaucoup, change la réalité en une douceur onirique, un brin naïve et fantasmée. D'ailleurs comme un symbole, le grand drapeau olympique qui devait être déployé, ce jour-là, sur le flanc de la Tour, n'a pas flotté. Les autorités ont eu peur des rafales de vent. Le renoncement plutôt que le risque d'un accident, mauvais présage pour les XXXIIIe olympiades de l'ère moderne.

Les Jeux peuvent être l'occasion forte de vivre ensemble un moment d'unité nationale rare autour du drapeau grâce aux compétitions sportives. Mais il n'y a pas de « grand soir » pour le pays, les JO à Paris ne résoudront rien sur le fond des problèmes de notre société, accumulés depuis des décennies. La violence ne disparaîtra pas. Le terrorisme islamiste ne s'évaporera pas. La laïcité républicaine ne triomphera pas. L'autorité politique ne sera pas restaurée. La dette publique ne sera pas remboursée. Les variants du Covid-19 ne nous aurons sans doute pas lâché. Pas plus que les tensions sociales, ethniques, religieuses qui fracturent notre pays n'auront disparu. Mais, faisons le pari que – tout comme les installations sportives rutilantes et coûteuses sont utilisées après les jeux ou que le village des athlètes se transforme en logements sociaux –, faisons le pari qu'il restera quelque chose de structurant de ces Jeux Olympiques pour la société française. Voilà ils doivent posséder une grande dimension politique et sociale. L'occasion ne doit pas être ratée : les Jeux constituent une belle « fenêtre de tir » pour restaurer avec autorité la fierté d'être français. La compétition sportive doit être belle et porteuse. C'est un classique du genre. Mais, pour notre nation, il y aura presque plus important que les seuls triomphes sportifs. Il y aura l'opportunité de cultiver le sentiment d'appartenance à un pays quelles que soient ses communautés ethnique ou religieuse d'origine. Cette parenthèse sportive peut nous permettre de faire bloc ensemble. Les médailles gagnées représentent finalement une fabrique pacifiste de fierté patriotique. Le citoyen sait qu'il appartient à une nation parce que le monde entier, pendant les quinze jours de compétition, admire chaque nation face à son drapeau par le truchement de ses résultats sportifs et de l'attitude de ses compétiteurs.

Tous ces moments sportif ou politique, rassemblement planétaire d'athlètes ou élection présidentielle, sont à saisir. Ils constituent autant d'opportunités pour tenter de colmater les brèches françaises, si nombreuses. Les « fenêtres de tir » ne seront pas nombreuses. Il ne faut pas les gâcher. À chaque fois, le « maître-mot » est toujours le même : autorité. Celle de l'effort et de la discipline pour gagner une médaille olympique. Autorité politique de défendre l'histoire française. Autorité républicaine de défendre l'ordre et le respect. Autorité nationale de défendre notre modèle républicain sans rien lâcher, ni sur la forme, ni sur le fond. Nous n'avons déjà que trop reculé. Reculé devant la partition communautaire, devant la mondialisation économique, devant la repentance historique, devant l'effondrement de la crédibilité politique. Nous n'avons plus le choix. Le sursaut ou le chaos. Le rebond ou la disparition.

Table

REMERCIEMENTS

Je remercie Jean-Baptiste Giraud et Loïc Di Stefano pour leur aide et leur bienveillance.

pca
cmb
édition pré-presse
livres numériques

44400 Rezé

RING

Imprimé en France par CPI

En septembre 2021

–

Dépot légal : octobre 2021
Numéro d'impression :
2060000

–

ISBN : 978-2-37934-021-5